Anonymous

Kurtze Nachricht von der Republique,

so von denen R.R. P.P. der Gesellschafft Jesu der portugiessisch- und spanischen Provinzen in den über Meer gelegenen diesen zweyen Mächten gehörigen Königreichen aufgerichtet worden.

Anonymous

Kurtze Nachricht von der Republique,
so von denen R.R. P.P. der Gesellschafft Jesu der portugiessisch- und spanischen Provinzen in den über Meer gelegenen diesen zweyen Mächten gehörigen Königreichen aufgerichtet worden.

ISBN/EAN: 9783743637603

Hergestellt in Europa, USA, Kanada, Australien, Japan

Cover: Foto ©Suzi / pixelio.de

Weitere Bücher finden Sie auf **www.hansebooks.com**

Kurtze Nachricht
von der Republique,
so
von denen R. R. P. P.
der Geſellſchafft JEſu
der Portugieſiſch- und Spaniſchen Provinzen
in den
über Meer gelegenen dieſen zweyen Mächten
gehörigen Königreichen aufgerichtet worden.

Und
von dem Krieg
welchen
gemeldte Patres Jeſuiten
wider
Spanien und Portugall geführet
und ausgehalten haben.

Dieſe Nachricht iſt aus der geheimen Regiſtratur der zweyen Bevollmächtigten reſpectivè Principal-Commiſſarien, und bewährten Urkunden gezogen, aus der Portugieſiſchen in die Welſche, und von dieſer in die Teutſche Sprache überſetzt worden.

Liſſabon 1760.

Zur Zeit, da man die Handlung der Gränzen der eroberten Landen (so den 16ten Jenner 1750. geschlossen worden) vorgenommen, erhielte der Lissabonische, wie auch zu gleicher Zeit der Spanische Hof den Bericht, was massen die Jesuiten schon so viele Jahre in den Spanien und Portugall zugehörigen Americanischen Provinzen so mächtig zu werden begunten, daß es unentbehrlich scheinte, dieselbe von darum feindlich anzugehen, damit obbemeldte Unternehmung nicht unfruchtlos wäre. Die Richtigkeit all, dessen, was sich zugetragen, bewoge diese gute Patres nicht, daß sie sich nicht unterfiengen, um diese Sache beyden Höfen zu verbergen.

Massen sie bey denselben theils durch sich, theils durch ihre Gönner einige Nachtheile ausdenketen, vermög welchen sie suchten, das schon bereits unternommene Werk zu hintertreiben. Durch eben diese Verschlagenheit trachteten sie, die gute Verständnus, welche bishero zwischen diesen beyden Höfen Madrit und Lissabon ware, zu zernichten; damit sie durch Vollziehung obgedachter Handlung ihre weltaussehende Projecten (denen sie schon den Weg gebahnet hatten) nicht an den Tag kommen liessen.

Allein das gute und aufrichtige Trauen und Glauben dieser zweyen Mächten ware von besserer Würkung, als all dero Verschlagenheit und arglistige Anschläge.

Als nun ihre Mannschaft in die Gegend der ausgesteckten Gränzen angerucket, kamen endlich die theils bekannte, theils aber noch nicht entdeckte Anschläge an das Tagelicht, und mußte der ganzen Welt bekannt werden, was die Jesuiten sowohl in den Paraguaisch- als Araguaischen Gegenden, als auch in den Nordischen Provinzen, nächst dem Fluß Nero, und Madaira verschwiegen zu seyn gewunschen hätten.

Von der Paraguaisch- und Araguaischen Republique, wie auch Uneinigkeiten und Kriegs-Feuer, so die Jesuiten erwecket haben.

Es ist in den Einöden Sertoens, unweit den Flüssen Uraguai und Paragual eine sehr mächtige Republique, welche von einem Fluß zu dem andern 31. grosse Völkerschaften, und gegen 100000. Mann zählet. Gleichwie diese zum Vortheil der Jesuiten an Geld sehr vermögend, und Überfluß an Früchten hatte, desto bedürfftiger und unglückseeliger befanden sich die trostlosen Indianer, welche unter einer betrübten Leibeigenschaft gedrucket seufzen mußten.

Damit aber diese gute Religiosen leichter ihren Endzweck erreicheten, bedienten sie sich unter dem löblichen Vorwand des Seelen-Gewinns (da sie unterdessen verschiedene theils dem Schein nach rechte, jedoch zu ihrem Vortheil abzielende Mittel ausgesonnen hatten) dieser Maxime, als einer unentbehrlichen Grundveste, ihre heimliche Raubbegierde zu sättigen.

Dann sie waren erstens bedacht (massen sie die Gelegenheit hatten, es ihnen nicht verbieten zu lassen) daß nicht nur allein kein Bischoff, kein weltlicher Bevollmächtigter, wer es auch immer seyn möchte, ja auch geistlicher Officiant in die Gegend Sertoens den Fuß setzen dörffte, vielweniger die National-Spanier nur dahin zu gedenken sich getraueten, weilen sie jederzeit in geheim gehalten wissen wollten, was sich in denen Sertoischen Einöden zutruge, und von ihnen geschlichtet wurde. Derer Regierungs-Art, und die Angelegenheiten der Republique, so denen Einwohnern selbsten unbekannt waren, nur denen Patribus, so sich in diesen wichtigen Umständen nothwendig dieß grosse Werk zu unterstützen gemacht hatten, anvertrauet worden.

Ja so gar haben sie listiglich in selbiger Republique und ihren Gegenden die Spanische Sprache einem jeden verbotten, nur allein den Gebrauch der sogenannten Guaranaischen zulassend, um auf diese Weise alle Gelegenheit einiger Communication zwischen den Indianern und Spaniern abzuschneiden, auch alles in Geheim und entfernt zu halten, auf daß keine Parthey von dem was wißte, was sich in den bedrängten Sertoenschen Einöden zutrüge. Endlichen da sie nach ihrer Art denen Indianern die Christen-
Lehr

Lehr hielten, und ihnen in ihrer Unschuld, als einen unumstößlichen Grund-
satz des Christenthums, den blinden Gehorsam einflößten ; Sonderlich
aber sollten sie sich an den von ihren Mißionariis vorgeschriebenen Geboten
halten, welche ohnedem sehr hart und unerträglich waren, wie ich folgendes erzehlen werde.

Jedoch gelunge es ihnen durch so viele Jahre diese unglücklich vernünf-
tige Seelen in der härtesten und unerträglichsten Dienstbarkeit zu erhalten, wie man bißhero gesehen, maßen diese armseelige Indianer der Meinung waren, es wäre in der Welt kein mächtigerer Souverain, als die
Heiligen Patres Jesuiten, sie vermeinten auch, daß sie gäntzliche Vollmacht
über ihr Leib und Leben hätten, nicht wissend, daß sie einen König hätten,
dem sie nicht als Unterthanen, sondern als würckliche leibeigene gehorchen
müßten ; Endlichen ware ihnen auch unbekannt, daß es noch andere Gesätze
gebe, als jene, welche ihnen diese Heilige Vätter vorschrieben. Dann als
so nenneten sie ihre Missionarios.

Es hielten nemlich die Indianer vor eine gewisse Wahrheit, daß alles
was ihnen von den Patribus geboten würde, müßte ohne Anstand und ein-
tzigen Zweiffel vollzogen werden. Vermög dieser Beherrschung über Leib und
Leben führten sie unter den Indianern eine General-Regul ein, welche der
allgemeinen Art und der Christlichen Liebe zuwider lauffet, dergestalten,
daß sie erstlichen zu ihnen sagten, die weltliche Europäer oder Weisse wären
solche Menschen, die ohne Gesätze, und Religion lebten, das Gold als
ihren GOtt anbeteten, auch so gar den Teuffel in ihrem Leib hätten, folglich nothwendiger Weise Feinde nicht nur der Indianer, sondern auch der Heiligen Bilder wären, so die Indianer verehrten, solcher gestalten, daß, wann
sie einmal den Fuß in ihr Land setzen würden, sie selbes mit Feuer und
Schwerd verheeren, und nach zerstöhrten Altären auch ihre Weiber und
Kinder ihrer Wuth aufopfern würden. A Costa von Beweißthum No. I.
und zeigen es die Thaten.

Nach und nach haben sie auch die allgemeine Grund-Sätze unter den
Indianern gemacht, daß sie Indianer einen Weissen unversöhnlich hasseten,
und ein jeder sich eiffrig bemühete, dieselbe aus dem Weg zu raumen ;
und flösseten ihnen die Barbarische Grausamkeit ein, einen jeden Weissen ohne
Barmhertzigkeit und Pardon umzubringen, und den Kopf von dem Leib zu
schlagen, damit er nicht wieder lebendig würde; maßen sie ihnen glaubend
machten, daß die Weisse durch teuflische Künste ansonsten wieder lebendig
würden.

Zu gleicher Zeit liesen sie ihre Indianer in den Waffen üben, und verfahen selbe mit Stuck, Pulver, und Bley, auch mit in dem Jesuiter Habit verkleideten Ingenieurs, welchen Campementer, und andere derley Fortifications-Übungen, in denen die Indianer gleich unseren Trouppen exerciert werden müsten, anzustellen anbefohlen worden.

Aus diesen sehr nachtheiligen Zubereitungen erhelleten die Folgen eines beförderten, und von nemlichen Patribus wider die zwey Monarchen unterhaltenen Kriegs mit denen Begebenheiten, so ich an Tag legen werde.

Da beyderseits obbemelde Königl. Trouppen 1752. schon ausrucken wolten, um wegen den gegen einander gemachten Verträgen in den Ländern des Orientalischen Ufers des Flußes Uraguaj, und Pflantzstadt des sogenannten Hochheiligen Sacraments eine Richtigkeit zu treffen, übervortheilten die arglistige Patres die gute Meinung dieser zweyen Monarchen, sie um einen nothdringenden Verschub ersuchend, damit die Indianer der obangezogenen Gegenden ihre annoch in dem Feld stehende Früchten sammlen und um so bequemlicher in andere darzu schon bereitete Wohnungen überbringen, und versorgen möchten; Und nachdem sie von den so gut meinenden Höfen den verlangten Verschub erhalten hatten, erfolgten gleich jene Thaten unter derer Vorwand und Deck-Mantel sie Zeit zu gewinnen suchten, sich vester zu bewaffnen, und die Indianer zu der Aufruhr anzuhetzen, welche sie ihnen lang vorhero eingerathen, und der sie sich um in derer unrechtmäsigen Besitzung eines fremden Landes und der Einwohner fest setzen zu können, gebraucheten.

So bald diese Vorwände aufgehöret, und die Commissarien dieser beyden Höfen in das Land zu bringen trachteten (dann sie keinen Betrug vermutheten) ihre Anschläge in das Werck zu setzen, fanden sie solche Widersetzungen, daß der General Gomez Freire von Andrade unerachtet seiner Bescheidenheit sich nicht enthalten kunte, dem Marchese von Valdelirios unterm 24ten Marty 1753. folgende Wort zu schreiben. Ich zweiffle nicht, daß Euer Excellenz durch mein Schreiben, so denselben zu Handen kommen seyn wird, und durch die des Patris Altemirani Berichte genugsam überwiesen seyen, daß die Patres Jesuiten die Aufrührer seyen, wann man die Heiligen Vätter (so wurden diese betrügerische Ruhestörer von den Indianern benannset) nicht aus dem Land vertribe, werden wir nichts als Aufruhr, Muthwillen, und Verachtung zu gewarten haben; welches uns nach unserer Erfahrenheit des Feldzugs einen Schröcken verursachen möchte; wie es auch schon an deme ist. Inmassen da Gomez Freire ein solches
schrei-

schriebete, offenbarte sich die Aufruhr auf allen Orten biß gegen Jenner: und alle Völcker selbiger Gegend erregten einen solchen Aufstand, daß einige militarische Officiers in die Gegend der Heiligen Tecla anlangeten, um die Abzeichnung vorzunehmen, in der Meynung alles in guten Frieden anzutreffen; da sie aber vermerckten, daß die Indianer ihnen den Paß versperreten, droheten die Officiers den Barbaren mit der Ungnad ihres Königes, so den 28ten Februarii erfolgen solte; Alleine sie erwiederten, daß der König weit von ihnen entlegen wäre, und daß sie niemand erkenneten, als ihre Heilige Väter, und forcirten die Leute, so die Commissarii zur Beschützung mit hatten, bis nach Colonia und den Berg Vidio sich zuruck zu ziehen.

Bey Vermerckung dieser öffentlichen Irrung deliberirten die zwey Principal-Commissarii, und Marchese von Valdelirios in dem Monat Septembris, Octobris und andren, die sich zu Ende obbesagten Jahrs 1753, und anfangs des folgenden in den Conferenzen zu Castellos und Martin Gareia über den Marsche der Trouppen dieser zweyen Höfen verlossen, Willens in die Rebellen mit Gewalt der Waffen aus dem Land zu versprengen, wie dann bald darauf dies in den Conferenzen geschlossen worden.

Dieser Entschluß zeigte sich in balden um so nothwendiger, dann so bald diese zwey Krieges-Heere sich zum Marsche rüsteten, liefen die Indianer in grosser Anzahl zusammen, um die Vestung, so die Portugiesen an dem Fluß haben, zweymal zu attaquiren, hatten auch bey sich 4 Stuck, selbe zu beschiessen, da sie aber von der Besatzung der Vestung zuruckgetrieben, verjagt, und 50. davon gefangen worden, gabe man gleich dem Commandanten der Vestung darvon eine Nachricht, und Gomez Freire von Andrada schriebe nebst den Briefen unterm 20ten Aprills und 21ten Junii 1754. daß die Indianer über die Ursache ihres grousamen Verfahrens befragt worden, mit folgenden Terminis erwiedert: Die Indianische Prisoniers gestehen, daß die Jesuiten sie biß zu dem Fluß Pardo begleitet haben, und sie aber an dem Strand desselben zuruck geblieben, sie setzten hinzu, daß selbe von 4. Orten seyen, als von St. Ludwig, und St. Michael, St. Lorentz und St. Johann. Einer aus ihnen meldet, es wären zu St. Michael annoch 15. Canonen vorhanden, man befragte sie auch, warum sie denen von ihnen umgebrachten Portugiesen den Kopff abschlügen, und sie ertheilten zur Antwort, daß ihnen ihre Heiligen Vätter versicherten, daß die Portuglesen, ob sie schon mit Wunden zu Tod geschlagen würden, kämen

men doch viele zum Leben, derowegen das sicherste wäre ihnen den Kopff abzuschlagen. Da nun der Portugiesische General den 28ten Junii nemlichen Jahrs von dem Haupt-Fluß St. Pietro aufgebrochen, den 30. Julii bey der Vestung an dem Fluß Pardo angelanget, und nachdem er selben kaum übersetzet hatte, ruckten schon die Rebellische Barbaren in grosser Menge an, ihnen den Paß abzuschneiden; Er sezte aber seinen Weg in Angesicht des Feindes mit bewaffneter Hand immer fort also zwar daß er folgendes schreibet.

Den 7ten September, da ich in dem Haupt-Posto angelanget, und den nemlichen Tag dort verbliebe, auch denselben nicht übergabe, vernahm ich, daß die Barbaren bey demselben sich verschanzet hatten; darüber ich sie auch zur Rede stellete, und sie erklärten mir, daß es bey No. Imo. sein Verbleiben habe; Es seye eine wichtige Sache, antworteten sie mir, weilen ihr Feld-Marschall Andreas genannt, den Befehl von seinem Obern habe, keinen Portugiesen ohne seine Erlaubnus paßiren zu lassen.

Auf solche Art giengen die Feindseligkeiten bis auf den 16ten Novembris selbigen Jahrs 1754. fort, in welchem der General biß zu weiterer Entschliessung seiner Cathol. Majestät mit den Indianern einen Waffen-Stillstand treffen muste.

Unterdessen ware dem Portugiesischen General nicht gestattet einen Tritt in das Land zu sezen, den Indianern hingegen auch alle Feindseligkeiten in dem von dem General occupirten Posto scharf verbotten; Solcher gestalten wurden dann ihre Acta geschlossen. (Dieser Tractat ist in den Documenten Nro. 4. abgeschrieben) Die Spanische Trouppen, welche zu gleicher Zeit auf der Seiten von St. Tecla marchirten, wurden ebenfals gezwungen sich gegen den Strand des Flußes Blatta zu ziehen, weilen auf selbiger Seiten auch Rebellische Völckerschafften der Indianer, die ihnen an der Zahl weit überlegen waren, sich befunden. Ja die Indianer hatten so gar das Land öde zurük gelassen, selbes von allen Lebens-Mitteln beraubt, und in so scharfer Kriegs-Zucht angehalten, daß man es von so einfältigen Leuten nicht würde verhoffet haben.

Da nun die Nachricht dieser unvermutheten Begebenheiten an allen beyden Höfen eingelauffen, wurde von dem Madritischen dem Marchese von Valdeslirios die Ordre ertheilet, die er dem Gomez Freire von Andrade schrifft:lich unterm 9ten February 1756. mit folgenden Worten communiciret.

Aus einem Schreiben ex Officio, so ich Euer Excellenz zugesendet, werden dieselbe entnehmen, daß Sr. Majestät gänzlich bekannt, und versichert

sichert seye, daß die Jesuiten dieser Provinz die einzige Ursache der Indianischen Rebellion seyen, und die Vorsehungen, so Se. Majestät dieserfalls gethan, da Höchst Dieselbe ihren Beichtvatter von sich entlassen, und den Befehl ertheilet, 1000 Mann dahin abzuschicken, überschriebe mir auch einen eigenhändigen Brief vom König, daß ich den Provincial ermahnete, und ihm die unbillige Handlung vorhielte, ja auch vermelden sollte, das wenn er das Volck nicht in balden zur Ruhe bringe ohne einen Tropfen Blut zu vergiessen, werde Se. Majestät diesen Vorwurf etwas wichtigerer überlegen, und wider ihn und andere Patres nach Schärffe der geist- und weltlichen Gesätze verfahren, und sie der beleidigten Majestät beschuldigter angesehen werden müssen, wolte er ihn zwingen GOtt wegen dem unschuldigen Blut, so vergossen werden würde, Rechenschaffe zu geben.

Eine gleichförmige Instruction wurde von Lissabon dem Gomez Freire von Andrade zugesendet mit Befehlen, daß er nach stipulirten Vertrag in den Confinen dem Spanischen General alle mögliche Assistenz leiste, um diese ärgerliche Rebellen zum Parn zu treiben.

Da die erst gedachte Befehle eingelauffen, hatten beyderseits hoher Mächten Generals schon neuerdings entschlossen ihre Trouppen in St. Antonio Vechio zu versammlen, damit sie in der Gegend St. Tecla die aufrührerischen Barbaren erreichen, und unter das Joch bringen möchten; Und in der That vereinigten sich diese zwey Kriegs-Heere den 16ten Jenner des verflossenen 1756. Jahrs.

Nachdeme sie von St. Antonii Port aufgebrochen, setzten diese zwey Generals ihren Marsch den 1ten Februarii weiter fort, und man wurde zu selbiger Zeit gleich gewahr, daß eine kleine Schaar von 16 Castillianischen Soldaten abgienge, welche sich hinaus gewagt hatten, das feindliche Lager zu besichtigen, und da man vermeinte, als hätten sie den Ausreis genommen, erfuhre man doch bald, daß sie zu einer noch zahlreicheren Party sich geschlagen, welche nichts feindliches vorzuhaben schienen, von welchen sie auch mit weissen Fahnen, um ihnen einige Erfrischung zu geben beygeruffen worden. Kaum aber waren sie an das Land gelandet, wurden sie von den Barbaren grausamlich ermordet, und ausgeraubet.

Indessen ruckten die vereinigt Allirte Armeen immer fort, nicht zwar ohne von den Feinden biß den 10ten obangezogenen Monats February stets belästiget zu werden; Endlich wagten Sie sich über die Barbaren, welche auf einer vortheilhafften Anhöhe sich verschanzet hatten, von denen Alliirten

B aber

aber delogiret, und nach einem hitzigen Gefecht geschlagen worden, wo sie mit Verlust 1200 Mann, einiger Canonen, und anderen Kriegs-Zeichen als Fahnen ꝛc. sich zuruck ziehen mußten.

Diese Niederlag schröckte die Barbaren ab, um nichts mehr zu unternehmen, biß den 22ten Marty, wo sich beyde Königl. Armeen an dem Fuß eines sehr hohen und fast unzubesteigenden Bergs lagerten, ohngeacht deſſen faſſeten sie doch den Muth, selben zu besteigen, und den Feind der allborten in der Nähe ware zu erreichen, und wider alles Vermuthen fanden sie, daß sich die Barbaren allda nach aller Militar-Regul verschanzet, und mit Stuck und Mannschafft genugsam versehen hatten, um diesen Paß zu defendiren.

Dessen ohnerachtet wurden die Barbaren in den Retranchementern von den Königl. Alliirten mit Canonen nicht ohne groſſen Schaden begrüſſet, in den Flanquen attaquiret, delogirt und in die Flucht getrieben: Nachdem sie ihnen also den freyen Paß geſtatten muſten, fande man vor gut, diesen Posten zu besetzen, um den Weg biß auf den 3ten May des gemeldten Jahrs frey und sicher zu halten.

Von dannen brachen die Alliirte wiederum auf, und stiessen unter Wegs auf andere feindliche Partheyen von 3000 Indianern, welche einige Scharmüzel mit denen Portugiesisch-und Spanischen Vorposten hatten, in welchen sie von Tag zu Tag Leute biß den 10ten gedachten Monats verlohren; besagten Tags aber ruckten die Vorposten wiederum biß über den Fluß Churiebi vor, und da sie von neuem auf dem Marsche an einige verschanzte Barbaren anstießen, wurden selbe von ihnen angegriffen, und glücklich überwunden, welchen beglückten und günstigen Tag der General Gomez mit folgender Relation beschloſſe.

Der Grundriß giebt genugsam zu erkennen, daß es ein zur Defension tauglicher Poſto ware, und wann selben die Indianer ausgesehen, und fortificieret haben, dörffen wir nicht zweiffeln, daß selbe in der Militar-Kunst besser, als in dem Catechismo zugenommen haben. Endlich ruckten sie weiter gegen St. Michael den 16ten May, und mußten mit Schrecken vernehmen, was GomezFreire dem Hof unterm 26ten Juny 1756 nach Lisſabon mit folgenden abiſiret.

Den 13ten und 14ten Tag ware ein steter Regen, der aber die entſtandene Feuers-Brünste dieser Gegend zu löschen nicht vermochte, den 16ten an welchem wir allda angelanget, wurde denen Meisterſchafften die Ordre ertheilet, das Feuer zu löschen, welches schon die ansehenlichſten Häuſſer verzehret, auch die Sacriſtey ergriffen hatte; Jedoch gelunge es
den

den prächtigen Tempel annoch zu retten, aber wider den Anfall der Barbaren, welche den Tabernacul mit erstaunlicher Grausamkeit zertrümmerten, konnte nichts vorgenommen werden, die heilige Geschirr hingegen flüchteten die Patres zum Theil.

Dieß ware ein so prächtiges Gebäude, wie wir aus dem Grund-Riß und Prospect, den man hiemit schicket, ersehen werden, man konnte in denselben nicht eintretten, ohne daß das Herz nicht vor Freude bewegt, das menschliche Auge vor Verwunderung erquicket, und wegen der daran zu sehenden prodigiosen Arbeit in Erstaunen gesetzt wurde.

Dieselbe Nacht entschloß sich der General, die Einwohner von St. Lorenz zu überfallen, welcher Ort 2 Meil davon entlegen ware; Diese Expedition führte der Gouverneur di Monte vidio mit einem Detachement von 800 Mann und 4 kleinen Canonen, besagte Mannschafft bestunde in 600 Castilianern und 200 Portuglesen, welche letztere der Obrist-Lieutenant von Dragonern Joseph Ignati von Almeyda commandirte. Diese avancirten bey anbrechendem Tag glücklich und unvermerckt gegen diesem Volck, wo sie noch einige Familien und 3. Patres als Seelsorger, nem-ich den den Pater Franciscus Xaverius Lamp, und den Coadjutor Pater Thedes (ein geistreicher Mann) und einen Lay-Bruder angetroffen, sie ergaben sich gleich alle, und die Patres wurden zur Armee abgeschicket, von da der erste aus Befehl des commandirenden zu dem Volck mußte. Dieser ersuchte mich seinen Gesellen in mein Zelt zu nehmen, in welchem er so lang verbliebe, biß wir zu dem Volck in der Gegend St. Johann angelanget, allwo ich ihn dem General überantwortete, der mich nach etlichen Tagen versichert, daß er ihm erlaube, sich jenseits des Flußes Uraguai zu begeben.

Eine sichere Sach ist es, daß der Gouverneur di Monte vidio in seinem Zimmer einige Documenten gefunden, aus welchen diese Resolution zu ersehen ware, daß nemlich der Pater Lorenzo Palda, den man einen aus den hartnäckigsten Köpfen vermuthet, und der die Indianer zur Gegenwehr anfrischete, sich mit den Seinigen auf das Gebürg von St. Michael, wo er seine Seelsorg hatte, flüchtete.

Diesen guten Patribus mißfället heut wie am ersten Tag, daß sie das Kürzere ziehen müssen, und halten die Indianer in einem so blinden, mir anjetzo bekannten Gehorsam, daß der Pater Seelsorger denen armen Leuten befiehlet, sich zur Erden zu werffen, und ohne Verschulden aus Ehrerbietigkeit 25 Streich auszuhalten, nach Vollziehung dessen stehen sie auf, und küssen ihm mit Danck die Hand; diese bedrängte Leute leben in dem schärfesten

feſten Gehorſam, und in einer weit unerträglichern Dienſtbarkeit als die Mohren in den Berg-Klippen.

Da dieſer Portugieſiſche General ſein Quartier unter dieſem Volck zu St. Johann aufgeſchlagen, entdeckte man endlich, vermög dem Aufenthalt der Trouppen, was die verſchlagene Jeſuiten in dem Sinn führeten, indeme ſie kurz darauf die Betrügereyen verdoppelten, dergeſtallten daß die Indianer dardurch mehr zur Aufruhr von ihnen angehezet, und angehalten wurden; Ja ſie forderten ſelbe ſo gar zu dieſer Aufruhr in dreyen Documenten heraus, deren Originalien demjenigen ſelbſten zu Handen gekommen, der ſie von Wort zu Wort aus der Guaralſchen (ſo waren ſie beſchrieben) in die Portugieſiſche Sprache überſetzen lieſſe, welche zu Ende dieſes Werckleins zu leſen ſind. Nro. I. II. III. (4)

Es beſtehen dieſe Documenten aus einer Unterrichtung, ſo die Vorſteher der rebelliſchen Ländern ihren reſpectivè Hauptleuten gegeben, da ſie ſich zu dem Heer der Rebellen verfügen muſten, und zwar in zweyen Briefen den nemlichen Monat und Jahr 1750. von dem gemelten Urheber der Rebellion an das barbariſche Kriegsheer beſchrieben. Sonderheitlich aber flöſſeten ſie mit dieſen aufrühreriſchen und gottesrauberiſchen Schrifften den Betrug in die Herzen der blinden Indianer, mit welchem ſie ſelbe auferzogen hatten, ein. Nicht weniger inſpirirten ſie auch einen unverſöhnlichen Haß wider alle Portugieſen und Spanier, und zwar ohne Ueberlegung der Mittel und Weiſe, ſondern bloß allein um zu ihrem verruchten Ziehl zu gereichen.

Demnach dieſe Generals in die 7. Länder der Orientalliſchen Gegend von Uraguai mit Macht der Waffen eingetrungen, getraueten die dort herrſchende Patres ſich nicht mehr zu weigern, ſich dem Gehorſam, zu welchem ſie angehalten wurden, zu unterwerffen, nichts deſto weniger fanden ſie doch Mittel und Wege, ſich mit vermeſſenem Betrug davon zu entledigen.

Da hätte man glauben ſollen, daß, nachdeme ſie ſich gleichſam als bejochet geſehen, ſie bey ſich ſelbſt hätten überlegen ſollen, daß gleich Anfangs die anverlangte Zeit des Aufſchubes nur auf die Erklärung der Bewegurſachen gezielhet, die Indianer gegen Sertoens auf der occidentalliſchen Seiten des Strohms Uragual zu transportiren, und allda neue Einrichtungen zu machen. Um ſich nun mit Verſtellung zu entſchuldigen, haben ſie dieß öfters practiciret, als man es in derley Umſtände glaubete, maſſen ſie ſich in ihrer Vermeſſenheit und Aufruhr noch halsſtärrig erzeiget.

Gegen

Gegen Ende des 1756sten Jahrs unterfiengen sich die Einwohner von St. Nicóló mit Bestehlung und Ausraubung einiger Cavalleristen, so sich mit der Königl. Spanischen Armee conjungiren wolten, abermal einen Aufstand zu erregen; derohalben der Königl. Spänische General um die Barbaren dieserwegen zu bestraffen, abschickte; allein diese waren so verwegen, daß sie den Commandirenden des gemeldten Detachements zu einem Gefecht heraus forderten, in welchem die Barbaren ihm einen Hauptmann und einige Gemeine niedermachten. Ihre Excessen erstreckten sich noch weiters, und waren dahero auch sträflicher, massen sie das vorige in Wind schlugen, und die Indianer von dem Ort wo das Gefecht ware, in die Wälder zuruck auf die Orientalische Seiten von Uraguai, allwo nach und nach mehrere darzu gestossen wurden, zogen; also zwar, daß man in dem Monat May gedachten Jahrs schon über 1400. Indianer in Sertoen, allwo der Sammelplatz von allen Ländern ware, zehlete; einfolglichen der Krieg von beyden respective Monarchen um dieselbe zu bändigen fortgeführet werden muste.

Endschlüsse der Jesuiten im Nordischen Brasilien, oder in Maranhaon, oder bey den Flüssen Ilen, und Madeira.

Auf der Nord-Seiten des Americanischen Portugals und Spanien, oder schwarzen Flüssen, waren die Patres in Betracht der vorigen Erzählung, in so weit ihre Macht die geistl. und Königl. Gesätze zu übertretten sich erstreckete, nicht viel ruhiger, sintemalen der Hof zu Lissabon, vermög denen Betrügereyen derer Jesuiten, von jenen Seiten keine Nachricht von allen diesen Projecten und Eroberungen der Länder und Städte, welche die Patres so viele Jahre unter dem Deck-Mantel des heiligen Eyfers der Fortpflanzung und Ausbreitung des Christlichen Glaubens und Evangelii verhüllet, erhalten konnte; sie erhielten auch ganz leicht von diesem Hof einige Privilegia, vermög welcher sie Mißbrauch auf Mißbrauch verdoppelten, auch liessen sie sich als absolute Herren, sowol in geistlichen als weltlichen Sachen von denen Indianern respectiren, und wurden diese armseeligste Leute in der bittersten Dienstbarkeit wegen Eyfers-voller Freyheit angehalten, ja nahmen ihnen nicht nur allein alle Grundstücke und Früchte, sondern so gar dasjenige, was sie mit dem Schweiß ihres Angesichts ihnen erwarben, indem sie nicht einmal ihnen die Zeit gönneten, das Wenige einzubringen, was zu der größten Nothdurft ihres Lebens

bens diente, noch weniger die Kleidung um ihre Blöße zu bedecken, einfolglich diese unglückseelige Leute zur grösten Aergernus blos und nackend vor andern sich sehen lassen musten.

Um nun eine so unmenschliche Tyranney forttreiben zu können, führten sie die nemliche Maxime, wie in denen Occidentalischen Ländern auch allda ein, mit dem Verbot keine Portugiesen, wo die Patres ihrer Gesellschaft wären, in Indien einzulassen, unter dem Vorwande, daß die Weltlichen die reine und unschuldige Gebräuche gedachter Indianer zu stören, dahin kämen.

Sie verbotten so gar den Gebrauch der Portugiesischen Sprache, um sicherer zu seyn, daß unter den Indianischen Unterthanen und weissen Vasallen ihrer Königl. Portugiesischen Majestät keine Communication gepflogen werden sollte. Mit dergleichen und andern Mitteln haben diese Patres den beträngten Indianern die Freyheit entzogen, ohne zu überlegen, daß sie in die Päbstliche Censur der Bullæ Pauli III. und Urbani VIII. verfielen, noch weniger aber dachten sie an die Constitutiones, welche um die Dienstbarkeit in Indien zu verhindern, unter der Regierung Sebastiani, und anderer seiner Nachfolger waren gemacht worden.

Von Entziehung der Freyheit schritten sie zur Beraubung des Ackerbaues, und der Handlung, so in diesen zweyen Landen gewöhnlich waren, welches doch wider das Gebot der Geistlichen Rechten und Schärffe der wider die Regulares und noch mehr wider die Handlung treibende Missionarios gemachten Apostolischen Gesätze lieff.

Schließlichen zogen sie die ganze Handlung an sich, und eigneten mit aller Gewalt nicht nur allein alle Gattung der Handlung sich selbsten zu, sondern entrissen ihnen auch die zwey nothwendigsten Stücke der Unterhaltung des menschlichen Lebens durch die viele sowol von dem göttlichen, als natürlichen Gesätz verworffene Monopolia.

Diese viele nacheinander folgende Klagen, so als nothwendige Folgerungen aus den gewaltsamen Erpressungen entstunden, schrien unaufhörlich über die äusserste Noth, mit welcher diese Gottesvergessene Geizhälse die armseelige Leute drückten, indem sie ihnen die Arbeiter vom Ackerbau und der Handlung hinwegnahmen. Dessen ohngeachtet hatten die Patres die Geschicklichkeit diese Klagen jederzeit von dem Königl. Portugiesischen Hof entfernet zu halten; Allein im Jahr 1741. kamen doch einige davon am Päpstlichen Hof zu Ohren eines Fürsten der wider diese Gesellschaft

eben-

ebenfals einen solchen Grollen im Herzen hatte, als wie der König Johannes der Fünfte glorwürdigsten Gedächtnuß.

Dieser versicherte den Papst Benedictum XIV, daß er vieles zur Freyheit der Indianer mit allen Kräfften seiner eiferigst- und exemplarischen Begierde zur Fortpflanzung des Catholischen Glaubens, und zum Wohlseyn aller seiner Unterthanen beygetragen hätte.

Laut dieses Concordats wurde eine wahrhaft Apostolische, und ernstliche Bulla unterm 20sten Dec. 1741. mit der clausula ex abundanti der Päpstlichen Vorsichtigkeit abgeschicket, wie solche aus ihrem Context erhellet.

Nach Gleichförmigkeit dieser ließ der nemliche Monarch die eilfertigsten Befehle in diese Staaten ergehen, damit in selben die Päpstliche Willens-Meynung auf das genaueste vollzogen würde.

Allein dieses ware noch nicht erklecklich, maßen, nachdem der berühmte, und eifrige dermalige Bischoff von Groß-Para, Michael Balhoens aus dem Heil. Orden der Prediger nach angewandtem allen Fleiß die Execution der gemeldten Bulla vornehmen konnte, sich ein Aufstand erregte, der nachhero die Ausführung dieser Apostolischen Gesinnung verhinderte; jedennoch schiene es diesem Vorsteher keine thunliche Sache zu seyn, dem Lißsabonischen Hof eine so ausserordentliche Unruhe in einer Zeit zu berichten, wo er fürchtete, daß die Zeitung einer so scandalosen That die Gemüths-Ruhe des Königs stöhren möchte, welcher ohne dieß mit einer schweren Krankheit, so Ihm den 31sten Julii 1750. hingeraffet, behafftet ware.

Dieses waren die Umstände, in welchen sich die Patres in Groß-Para und Maranhaon dazumal befanden, als der Portugiesische Monarch an den Gouverneur und General-Capitaine Francisco Xaverio Mendoza Furtado mit Brieffen unterm 30sten April 1753. die Befehle ergehen liesse, und ihn zugleich als Principal-Commissarium und bevollmächtigten Conferenz-Minister in Sachen der Abzeichnung der Confinen selbiger Gegend ernennte, auf daß selber also gleich auf den Gränzen des sogenannten schwartzen Flusses zu den Wohnungen und Lebens-Mittel für die Sr. Cathol. Majestät dahin kommende abgeordnete Commissarien Anstalt machen solte, um mit denselben den Vergleich der Abzeichnung der Confinen Tractaten-mäßig zu handlen.

Maßen dieß bey dem Portugiesischen Hof schon eine bekannte Sache ware, daß die Jesuiter sich der Freyheit, und alles Thun und Laßens der
India-

Indianer angemaſſet hätten, über dies auch den Ackerbau und Handlung ſich noch eigenthumlich gemacht.

Derohalben der hohe Befehl von Sr. Königl. Portugieſiſchen Majeſtät ergienge, daß man in preſſanteren Terminis dem Vice-Provincial von Groß-Para und Maranhaon ſchreiben ſollte, damit dieſer ſamt denen andern Indianiſchen Obrigkeiten dahin trachtete, daß der Principal-Commiſſarius ſich gebührend, und eilfertig an den Ort der Conferenz verfüge.

Die Vollziehung, ſo dieſe gottloſe Pfaffen dem allerhöchſten Befehl geleiſtet, beſtund in einem neuen Aufſtand und Anhetzung der Indianer, die in der Nachbarſchafft ſelbigen Orts, wo die Conferenz ſollte gehalten werden, wohneten. Sie bewogen ſelbe hiemit durch Anleitung des Patris Antoni Joſeph eines Portugieſen, und Rochi Hunderfan eines Teutſchen ſich zu entfernen, ſo vorläuffig zu dieſem Endzweck dahin ſeynd angewieſen, und geſtellet worden.

Ueber dieß gieng ein anderer Pater mit Nahmen de Santi, ein Anverwandter des Provincials in die Gegend des Fluſſes Javari nicht nur allein ſich alldort feſt zuſetzen, ſondern auch denen Religioſen des Carmelliter-Ordens (die allda ihre Miſſiones auferbaulich hielten) den Krieg anzukünden, um ebenfals die Verwirrung und Unruhe ſamt der Verheerung des Lands alldort zu verurſachen. Sie verjagten die Einwohner, und gedachten die Indianer der Haupt-Stadt Groß-Para zu einem Aufruhr zu bewegen, alſo zwar, daß die Beamte des Königs von ihren Geſchäfften abließen, und ihrer Expedition wegen dem ſo genannten ſchwarzen Fluß nicht auswarten dürften.

Ueber dieſes verſchmäheten ſie alle in dem Land anweſende Königl. Portugieſiſche Beamte, und Officiers, und droheten ihnen mit der Macht der in dem Reich herrſchenden Societät, und neuen Aufſtand in jenen Staaten, vorgebend, daß ſie ihre Schuldigkeit in Beobachtung derer Geſätze und Befehle deſſen, in weſſen Nahmen ſie ſelbe vollziehen ſollten, nicht nachkämen hinzufügend, daß, um Ihnen alſo zu verſtehen zu geben ihre Vorfahrer in dieſer Gegend jederzeit auf nemliche Art die Sachen tractiret hätten.

Endlich machten ſie gar durch Verjagung der Leute eine Einöde aus dem Land und Fluß Negro, und ſperreten die Lebens-Mittel und andere Nothwendigkeiten, damit durch Abgang des Succurs und Unterhaltung die zu dem Ort der Conferenz, und von da in andere Ort der Gräntzen, wo die Abzeichnung der Confinen der beyderſeits Königl. contrahirenden Höfen geſchehen ſollte, deſtinirte Trouppen zu Grund gehen ſollten.

Die

Die Sicherheit dieser außerordentlichen Begebenheiten, welche gleichförmig theils schrifftlich von Bischof, Gouverneur, Bevollmächtigten, von Beamten dieses Staats, und Acten, wie auch bewährten Documenten, so darmit eingehändiget worden, warewürdig; erstlichen bewiesen zu werden; allein dieses höchst gnädigen Monarchen Milde hatte die Oberhand, dieweilen dieser gottseelige König verhoffte, daß dieser ihm angebohrne Ueberflus seiner Gnaden denen offt gemelten unverschämten und gottsvergessenen Geistlichen zu einer Beschämung, und Correction gereichen solte; Er bedenckte sich so gar die Befehle zu ertheilen, den Vice-Provincial von Groß-Para wegen denen obangezogenen verursachten Unruhen, um selbe zu stillen, ernstlich ermahnen zu lassen, daß die Patres Antonio Giuseppe Rocho Hunderfund, Theodoro della Croce, und Emanuel Gonzaga vermög des unterm 3ten Martÿ 1755 Königl. Schreibens das Land raumen sollten, indem sie alldort die gröste Aergernussen gegeben, wie nicht weniger fiele ihme hart in einem andern Königl. Schreiben unterm nemlichen Dato zu verstehen zu geben, daß sein ernstlicher Wille seye, daß die Carmeliter wiederum in ihrer Administration der bey dem Fluß Javari liegenden Landen eingesetzet werden solten, aus welcher selbige der Neveu des Vice-Provincials der Gesellschafft mit Macht der Waffen und Aergernuß des gantzen Volcks zu vertreiben gesucht hatte.

Da indessen dies zu Lissabon geschlichtet wurde, und der Königl. Portugiesische Principal-Commissarius alle Beschwernus und Auffschub, welche von denen ihme im Weg gestandenen Unordnungen, um ihn zu verhindern entsprungen waren, überstanden, so brache er endlich den 2ten Octob. 1754 von der Haupt-Stadt des Landes Groß-Para auf, und setzte seine Reise auf dem Fluß Negro fort. Währender selber traffe er die nemliche Liste der obgedachten boshafften Geistlichen, und noch grössere Unruhen, welche aus dem authentischen Diario der nemlichen Reiße zu entnehmen seynd, an: aus welchem man hier einige Anmerckungen abschreiben wird, um einen klaren Begrif zu machen, von ollem deme, was sich auf dieser mühsamen Schiffarth theils die Indianische Amts-Leute, theils die Unterhaltung und Lebens-Mittel für diese Expedition betreffend, zugetragen hat. Was aber die Indianer berühret, wird aus dem Diario folgender massen zu ersehen seyn.

Den 10ten Oct. Gegen 6. Uhr in der Frühe erhoben wir uns von gemeldtem Fluß um die Gegend von Guavieú zu entdecken, allwo wir gegen 11. Uhr anlangeten, und selbe, ob sie schon eine unter den volckreichesten von gantz

Ser-

Sertoen, auſſer dem Pater Marino Schuvari, einen Geſellen des Mißionarii, drey alten Indianern, einigen Buben, und wenigen Indianiſchen Schiffers-Weibern, welche mit andern daher lieffen, leer antrafen. Wir hatten die gröſte Mühe, in Geſchwindigkeit 6. Indianer für unſer Equipage und Ruder zu einigen Schiflein, ſo ſehr ſchlecht regiert wurden, aufzutreiben, worzu auch Se. Excellenz der Herr Commiſſarius einigen Gewalt brauchen muſte. Sodann ſchickte er ſeine Leute in alle Gräben und dichte Wälder, allwo ſie ſich verſtecket hielten, und jene wenige, welche ſich blicken lieſſen, bekaunten frey, daß das gantze Volck wegen liſtigen Betrug und falſcher Hintergehung des Paters die Flucht genommen hätte. Tags darauf gegen halber zwey Uhr langten wir in den Land Aracara an, allwo wir den Pater Mißionarium Emanuel mit noch wenigern Leuten, als ſonſt irgend wo antrafen, und da wir einiger Indianer für unſere an Leuten beraubte Schiffe bedürftig waren, muſten wir ſie in den Gräben aufſuchen laſſen.

Den 16ten in der Frühe muſten wir mit unſern Indianiſchen Schiffleuten eine Muſterung vornehmen, worbey wir erfuhren, daß 36. derſelben den Reißaus genommen, dieweilen ſie von der Gegend, welche die Jeſuiter beſitzen, waren. Unweit der an dem Fluß Tapalos gelegenen Veſtung giebt es ein ziemlich volckreiches Land, ſo unter der Adminiſtration der Jeſuiten und des Pater Giovachino di Carvallo als Mißionarii über wenige Perſonen ſtehet.

Da wir nun wegen Entlaufung der Leute in einem ſo weit und breiten Land an Indianern einen Abgang hatten, wurden Se. Excellenz gedrungen, ſolche in den Gegenden Cumaru und Bobaris an dem nemlichen Fluß aufſuchen zu laſſen.

Endlichen bey dieſer Expedition (wie das Diarium ſelbſten lautet) gaben die Patres Anlaß, daß bis 165 Indianer die Flucht ergriffen, alſo zwar, daß da der Principal-Commiſſarius, was ihm hierinfals auf ſelner Reiſe zugeſtoſſen, und erfahren hat, in einem Schreiben unterm 6ten Julii 1755 (darinn er von einem dieſer Ländern Meldung thut) erzehlet, wie und wo ſich das Volck nach ſeiner Erfahrnus davon gemacht, mit folgenden Worten ſchlieſſet.

Von dieſer Gegend aus langte ich in Aracura ſo nicht mehr als 3 Meil von dort entfernet, an, ich fande in dieſem keinen Unterſcheid, und um es kurz zu ſagen, diß iſt eine Haupt-Regul in allen Ländern.

Was die Vivres anbelanget, ſo Se. Majeſtät angeordnet, wird ſich
der

der Leser mit einer Ideé von allem diesem, was sich in particulari zugetragen, und mit der Abschrift eines Briefs, so der Bischoff von Groß-Para unterm 24ten Julii 1755. dem Portugiesischen Hof zugesendet (und der in Abwesenheit des Generals in dieser Haupt-Stadt præsidiret) begnügen mit folgenden Terminis.

Es haben die Missionarii die Schranken des Gehorsams und der Christlichen Liebe in der Gegend des Fluß Tarpajos, welche allein im Stande, alle Gegenden des Flußes Negro zu versehen, dergestalten übertretten, daß sie denen Leuten ausdrücklich verbotten, sich vom Gebrauch des Mehls und andern Hülsen-Früchten zu enthalten, mit Vermelden, daß im Fall einer grössern Noth sie ihnen gestatten wollten, anderwärtig ihre Nothwendigkeiten zu suchen.

Dergleichen Uebermuth wider die Lieb des Nächsten trieben gemeldte Missionarii fast in allen ihren Ländern, da sie die Indianer nur aus Absicht ihres Eigennutzes auf ihre Seite brachten, folglich der Abgang des Mehls nothwendiger Weise erfolgen muste; überdieß verbotten sie ihnen ausdrücklich, das Getreid denen Weissen zu verkaufen, wie solches in Aracara unter der Verwaltung der Gesellschaft geschehen.

Dann in eben diesem Land hatten einige Soldaten von der Garnison der Stadt Macapá die Incombenz Mehl zu kauffen, diese nun, da sie an den Pfingst-Feyertägen die heilige Meß hörten, vernahmen, daß der Missionarius der Gegend Emanuel Ribeiro an dem Ort, wo die Geheimnus und Lehr des Glaubens, und die Uebung der Tugend ausgelegt werden, sitzete, denen Indianern in ihrer Sprach verbotten hatte, gemeldte Soldaten mit Mehl, und die Stadt Macapá mit was es immer seyn möchte, zu versehen, widrigen falls sie exemplarisch würden gestraffet werden.

Zu gleicher Zeit wurde entdeckt, daß oft angezogene Patres nebst andern Lastern der beleidigten Königlichen Majestät, sich nicht nur der Authoritär, mit den barbarischen Nationen von Sertoens über die Jurisdictionen der Königl. Portugiesischen Cron, ohne Zuziehung des General-Captains, und Sr. Portugiesischen Majestät Ministern, Verträge zu machen angemaßet hätten; sondern auch daß sie von diesen verruchten Empörungen noch zu andern verdammlichen Lastern geschritten seyen, nemlichen durch Bedingnussen der obigen Tractaten über die Oberherrschafft, und über die Leib-Eigenschaft der Indianer, mit Ausschliessung der Crone über die Unterthanen des Königs, über den Wiederwillen und Haß gegen die Communicanication, über die Unterwerffung der Weltlichen Europäern, und endlichen auch über die Verachtung der Befehle des Gouverneurs und der Inwohner des Landes zu stipuliren. Wie aus dem Tractat gantz klar zu entnehmen ist, welchen der Pater David Tay des genaunten Landes di St. Francesco Xaverio di Acama, Missionarius mit denen Amanajosischen Indianern in dem Monat Augusto selbigen Jahrs 1755. getroffen hat, und seynd in selben nachfolgende Articul zu lesen.

Dritter Articul.

Ob sie sich als Söhne den Patribus unterwerffen, und sich ihrer Regierung mit Leistung des Gehorsams ergeben wollen, da indessen die Patres ihre Morabixavas (das ist ihre General-Capitains) verbleiben solten, folglich die Patres sie als Söhne tractiren. ꝛc. ꝛc. sagten sie, sie wolten Söhne der Patrum seyn.

Fünfter Articul.

Ob sie ihre Patres als getreue Söhne respectiren wollen? Erwiederten sie, sie wollen vor die Patres Eyer-Dotter, oder Mehl-Speissen machen.

Achter Articul.

Ob sie dem Morabixava Goacu der Weissen (das ist General-Capitain derer Staaten) gehorsamen, und gerne alle Fatiquen, wann sie immer wohin geschickt werden sollten, ausstehen wollen? Gaben sie einhellig zur Antwort, daß sie auf keine Art mit den Weissen zu thun haben wollten.

Neunter Articul.

Wann sich was ausserordentliches eräusserte, zum Exempel ein Feind, und wann die Guajajaras (das ist die Weisse) müssen geben, ob die Amanajos ihnen helffen wollen? versprachen sie gute und getreue Cammeraden zu seyn, und daß sie denen Guajajaras helffen werden, wann nur selbe auch mit ihnen halten würden.

Daß folgendermassen der General-Capitain, und die Weisse in dem Land vermög dieser Bedingnussen gleich mit denen Indianern die geistliche Patres General-Capitains als das Ober-Haupt über alle sollten angesehen und erkennet werden. Aus

Aus diesem erhellet dann klar, daß diese Patres, In Erwägung dieser mit den Indianern gemachten Verträgen keinen anderen Vorwand suchten, als eben die arme Leute von der Botmäsigkeit und Königl. Bedienstung, wie auch von dem Umgang mit denen weltlichen Weissen, oder Europäern abwendig zu machen.

Als nun Se. Königl. Portugiesische Majestät aus denen Erkänntnißen dieser Thaten sattsam die erörterte Folge erkennete, daß das Uebel in diesen armseelig zugerichteten Staaten also überHand genommen, daß man nicht anderst als durch ernstliche Mittel demselben zu Hülf kommen könnte; befahle diesem nach der König, man solle dem Bischof von Groß-Para Don Michael von Balhoens diesfalls Nachricht ertheilen, damit er ohne Verschub der Zeit in einem so verdienstlichen Wercke die Päpstliche Bullam des unterm 20ten Decembris 1741ten Jahrs verkündigte, in welcher die gemeldte Indianer von aller Dienstbarkeit frey gesprochen, jene aber, welche das Widerspiel lehreten, predigten, und verübten, solten mit der Excommunication latæ Sententiæ bestraffet werden. Nebst deme hat der König auch ferners die schon unterm 6ten und 7ten Junii 1756. promulgirte zwey Gesätze samt andern von seinen Vorfahren bestättigte Verordnungen zum allgemeinen Gunst und Nutzen der Freyheit der Indianer erneuret.

Endlichen ließe er also gleich an den Gouverneur und General-Capitain dieser Staaten die Befehle ergehen, daß alles dieß, was Se. Heiligkeit der Papst und Se. Königl. Majestät in einer allgemeinen Sache entlaßen hatten, auf das genaueste solte vollzogen werden. Da nun die Königl. Verordnungen zur Zeit der Abwesenheit des General-Capitains von Groß-Para, der sich in dem zu den Conferenzen bestimmten Ort befande, angelanget, erachtete der Bischof, der auch in dieser Haupt-Stadt residierte, für eine Nothwendigkeit, die Execution dieser hohen Verordnungen bis zu der Ruckkunft des Gouverneurs aufzuschieben, aus Ursach, weilen die Patres, so bald sie gesehen, daß alle Beschwerden der Expedition, den Fluß Negro betreffend, enthoben waren, und die sie anfangs verhindern zu können nicht vermeinten, also gleich andere gewalttätige Mittel ausfindig gemacht, welcher wegen der gedachte Bischof sehr nothwendig diese Behutsamkeit ergreiffen muste.

Das erste Mittel so dann ware, die Officiers dieser Truppen aufzuhetzen, damit selbe wider ihren General revoltirten, wie er selbsten in einer Relation unterm 7ten July 1755 von diesen Begebenheiten schreibet, und mit folgenden Worten beschliesset:

Es fuhre der gemeldte Pater Alexius Antonius in seiner Idee fort, gesellete sich unter dem schönen Vorwand die Ignatianische Trouppen mit den ihrigen zu conjungiren, zu einigen wenigen Officiers, und lude selbige in das Collegium ein; zugleich sagte er auch denen Ingenieurs, daß alle Vorsehungen, so Se. Königl. Majestät angeordnet, und zum Tafeldienst bestimmet waren, sollten allhier, das ist auf denen Küsten des Flusses Negro, auf Königl. Spesen angeschaffet werden: Gleichermassen stünde ihnen auch zu, die Nothwendigkeiten für die Kuchel auszutheilen, und wann dieß nicht also vollzogen würde, seye es ein Diebstahl, so einem jeden aus ihnen widerführe.

Nach diesem hat sich der Pater und seine Gesellen unterstanden, dieß Volck zu überreden, daß ich ohne Befehl des Königs aus dem Land Para gezogen wäre, wie auch, daß ich sie freywillig zu diesem Schand und Spott, und von dannen in grössere Ungelegenheiten, die sie allda auszustehen hätten, bringe. Schlüßlichen würden sie vor Hunger gestorben seyn, und dieß aus keiner andern Ursach, als weilen er es also wollte, wann die Abzeichnungen, die er niemals mehr unternehmen solte, würden zu Grund gerichtet worden seyn: welches aus einigen Briefen zu entnehmen ist, in welchen die Erzählung abscheulicher Thaten und Betrügereyen, welche nur allein auf den boßhafften Endzweck, die Trouppen zu einer Aufruhr aufzuwicklen abzielen, begriffen ware.

Die andere Erfindung ware, daß diese gute Patres Jesuiten von den betrügerischen Arglistigkeiten es so gar zu den Waffen haben kommen lassen, um nur durch Mittel der Waffen in den Insuln Sertoens sich vest setzen zu können, massen sie mit denen Spanischen Geistlichen ihrer Societät, welche in jenen Gräntz-Scheidungen stabiliert waren, Verständnus hatten, also zwar, daß sie in dem Monat Januario 1756. in dem so genannten Städtlein Barba la Nuova, ehevor Trocano, hätten infundiret werden sollen.

In diesem Städtlein befande sich der Pater Anselmus Ekart ein Teutscher, der wenig Monat zuvor als Mißionarius mit zweyen Englischen Canonen angelanget ware, und mit einem gewissen Teutschen Jesuiten Antoni Meissenbourg sich verstunde.

Diese zwey verübten solche despotische Mißhelligkeiten in dieser Gegend, daß sie allein eine lange Relation, um Nachricht davon zu geben, bedürften, und könnte man von selben muthmassen, daß sie an statt Geistliche, verkleidete Ingenieurs gewesen wären.

In diesen nothdringenden Umständen ware deswegen die Gegenwart des General-Capitains des Landes unumgänglich nothwendig, um einige Mittel, diesem nothleidenden Land zu Hülfe zu kommen, ausfündig zu machen.

Dannenhero begabe sich dieser in eigner Person nach Para, alldorten von dem Bischoffen die Publication des Pastoral-Schreibens auszuwürcken, damit die Execution der unterm 20ten Dec. 1741. abgefertigten Päbstlichen Bullå, und der zweyen Königl. Gesätzen unterm 6ten und 7ten Juny 1756. könnte vorgenommen werden.

Alsdann wurden den 20ten Jenner, 28ten und 29ten Maya. c. 1757. die zwey Publicationen zu sonderlichem Vergnügen der Einwohner dieser Haupt-Stadt mit grossem Gepräng und erfolgten Effect vollzogen. Das durch vermög der Päbstl. und Königl. Vorsehungen innerhalb 3 Tagen alle Mühseeligkeiten, so dieses Land durch so viele Jahre hat ertragen müssen, gehoben worden.

Nichts desto weniger dauerten die Ursachen der aufrührerischen Betrügereyen, von welchen schon gemeldet worden, immer fort; weilen diese wegen der Treue und Ehrlichkeit der Officiers nichts vermochten, jedoch würckten selbe so mercklich bey dem gemeinen Soldaten und in andern Mißhandlungen, daß, da kaum der Gouverneur von den Küsten des Flußes Negro sich hinweg begabe, derselben ihme nicht weniger als 122 desertirt, die Königl. Magazine ausgeraubet, und nicht allein die Kriegs-Munition mitgenommen, sondern auch andere dahin transportirte Sachen gestohlen haben. Zu gleicher Zeit plünderten sie einige Häußer der Einwohner, und flüchteten sich mit diesem Raub in die Staaten des Königs von Spanien nach der Haupt-Stadt Amagnas. Von dannen die letztere Nachrichten unterm 18ten des verflossenen Monats Junii nach Para einliefen, und mit welchen man diese Relation beschliesset, weilen keine fernere Wissenschaft unter gemeldtem Dato vorhanden.

No. Imo.

No. Imo.

Abschrifft von den Verrichtungen, so die Patres denen Indianern während ihrer Bottmäßigkeit ertheilten, als selbe wider das Kriegs-Heer anruckten, in Guarianischer Sprach beschrieben, welche aber von selber auf nemliche Art übersetzet worden, in welcher man sie bey denen Indianern gefunden hat.

JEsus.

Vor allen müssen wir uns erinnern und werden zu erkennen geben, daß wir Kinder GOttes und der allerheiligsten Jungfrauen unserer Herrscherin seyen: Von Grund unseres Hertzens müssen wir uns GOTT dem HERRN, der allerseeligsten Jungfrauen, dem Heiligen Michael, denen Heiligen Engeln, und allen Heiligen des Himmels aufopfern, beten müssen wir, damit unser Gebet erhöret werde, und dadurch erhalten, daß sie uns Mittel an die Hand geben, unsere Armseeligkeiten, so alles Mitleidens würdig, zu steuren, und uns sowohl von geistlich- als weltlichen Schaden zu befreyen.

Wir sollen auch bey dem heiligen und löblichen Gebrauch, den heiligen Rosenkrantz zu Ehren der Mutter GOttes zu beten verharren, an welchem sie ein grosses Wohlgefallen hat, und dadurch wir erhalten, daß sie uns mit jener Barmhertzigkeit ansehe, deren unsere Mühefeeligkeiten bedürfftig seynd; folglichen werden wir uns durch ihren allerheiligsten Schutz von einem so grossen Uebel, das uns bevorstehet, befreyet sehen.

Wenn sich uns jene Völcker, so uns hassen, von ungefähr wiedersetzen, müssen wir alle zugleich den Schutz der allerheiligsten Jungfrauen, des H. Michaelis, des H. Josephs, und aller Heiligen Schutz-Patronen unserer Völcker anrufen, und wann unsere Bitt eiferig seyn wird, werden uns selbe helffen, und trösten, und wann jene so uns hassen, mit uns zu reden verlangen, müßen wir ihre Conversation meiden, absonderlich aber der Castillianer und Portuglesen, weilen durch diese alles gegenwärtige Unheil in unsere Häuser gekommen. Erinnert euch gleichfalls, daß eben diese in vorigen Zeiten eure Voreltern todt geschlagen, auch viel 1000 ihrer Kinder auf allen Orten ohne Erbarmen umbrachten; Nebst diesen Grausamkeiten aber spotteten sie der Heiligen Bilder, so den Altar des HErrn zierten, und eben

eben deſſentwegen, weilen ihr Vorhaben wichtig, müſſen wir uns ihnen nicht ergeben, dieweilen ſie das, was ſie vormal gethan, abermal vornehmen wollen. Wenn ſie nun von ungefähr mit uns converſiren wolten, müſſen nicht mehr als 5 Caſtillaner, und keine Portugieſen ſeyn, maſſen wann einige Portugieſen darzu kämen, nichts Gutes erfolgen würde: den Gomez Freire wollen wir nicht bey uns leiden, weilen er und die ſeinige, ſolche Leute ſeynd, die uns durch teufliſche Eingebung alſo haſſen. Dieſer Gomez Freire iſt der Urheber dieſer Zerrüttung, und Stiffter ſo vieles Unheils, der ſeinen König und die Unſerige betrüget, dahero wir ihn nicht bey uns haben wollen. GOtt unſer HErr hat uns dieſe Länder gegeben, und dieſer, da er uns derſelben berauben will, trachtet uns an den Bettelſtab zu bringen. Zu dieſem Ende erdencket er wider uns ſo viele Betrügereyen, wie auch wider unſere gute Patres, von welchen er ſpricht, daß ſie uns ohne heilige Sacramenten hinſterben ließen, dahero urtheilen wir, daß ihr Abſehen, warum ſie daher kommen, nicht auf Eyfer und Dienſt GOttes abzielet. In dem Dienſt unſeres Königs haben wir nichts ermanglen laſſen, ſondern jederzeit, wann er uns beſchäftiget hat, mit Freuden ſeine hohe Befehle vollzogen. Zum Beweisthum deſſen ſeynd die wiederholte Expeditionen, und vollzogene Verordnungen, Krafft welcher wir unſer Leben in die Schanz geſchlagen, und unſer Blut in jenen Belagerungen, welche in denen Portugieſiſchen Pflanz-Städten vorgenommen worden, vergoſſen, und dies nur allein um ſeine höchſte Willens-Meinung zu erfüllen, ohne einer andern Abſicht, als daß ſeine hohe Verordnung mit gröſter Freude reſpectiret und vollzogen worden iſt. Zu deſſen Zeugenſchaft haben wir den Gouverneur, Don Bruno, und ſeinen Nachfolger; und da unſer allergnädigſter König unſerer in Paraguay vonnöthen hatte, haben wir uns alſo gleich dahin begeben, und viele, welche ſowol in denen Pflanz-Städten als Paraguay nahmhafte Dienſt præſtiret hatten, befinden ſich unter dieſer Mannſchaft. Unſer allergnädigſter König hat uns wegen unſern præſtirten Dienſten mit Gnaden und Liebe angeſehen, weilen wir ſeine Verordnungen fleißig vollzogen haben. Nichts deſtoweniger klagte er uns bey dem Hof an, als wann wir weder ackern, noch andere Arbeit vornähmen, ſondern ſelbes nebſt dem ganzen Land verließen. Diß iſt ja kein Befehl GOttes, wohl aber des Teufels, und eben dieſes iſt es, was wir allezeit gehört haben; ungeacht deſſen hat uns unſer König doch, obwohlen wir ſchlechte, und in Ungnad angeſehene Unterthanen von Ihm ſeynd, jederzeit lieb gehabt. Niemals hat er verlangt über uns zu tyraniſieren, noch uns zu ſchaden, ſondern ſich

D allzeit

allzeit unsers Unglücks sich erinneret, dessen wir gewiß versichert seynd, demnach dürfen wir nicht glauben, daß unser gnädigster Monarch über uns einen solchen Befehl ergehen lassen, daß wir Armseelige in unsern Geschäfften Schaden leyden, und vertrieben werden sollen, ohne andere Bewegungs-Gründe, als daß wir ihme jederzeit getreue Dienste geleistet haben, also werden wir es niemals glauben, wann er auch sagt:

Ihr Indianer gebt eure Grundstücke, Haab und Gut denen Portugiesen.

Wir glauben es niemal, niemals wird es geschehen, wann sie auch selbe mit ihrem Blut vielleicht erkaufen wollten. Wir Indianer stehen bereit, mit dem unserigen selbe zu rächen. Wir haben ja bis zwantzig Völkerschafften, um unsern Feinden entgegen zu ziehen, beysammen; und mit Frolocken werden wir ehender uns zu sterben entschliessen, ehe wir unsere Länder abtretten, dieweilen der König unser Herr denen Portugiesen Buenosaires, Sante Fede, Corientes und Paraguay nicht giebt, nur allein wider die Indianer hat man den Befehl zu vollziehen, welchen er besiehlt, daß sie ihre Häuser und Kirchen, und endlich was sie haben, hergeben sollen, und GOtt hat ihm diß eingegeben. Verwichene Täge vermeynten wir, daß ihr aus Befehl des Königs kommen waret, dahero wir diß!alß Sorg getragen haben. Wir wollen auch dahin nicht gehen, wo ihr seyd, weilen wir euch nicht trauen, und dieses darum, dieweilen ihr unsere Bewegungs-Gründe nicht habt anhören wollen, sondern dieselbe verachtet. Diese Grundstücke werden wir euch nicht abtretten, obwohlen ihr euch habt verlauten lassen und gesagt, daß wir euch selbe überlassen wollen. Jedennoch, wann sie mit uns sprechen wollen, müssen 5. Castillianer kommen, denen von Seiten des Paters, welcher es mit ihnen haltet, und der Sprache kundig ist, nichts wiederfahren solle. Dieser Pater wird auch als Dollmetsch dienen, und wird sich alles so geben, wie alle Sachen nach GOttes Anordnung auf solche Art geschehen müssen. Widrigen Falls solche ablauffen werden, wie es der Teufel verlangen wird.

Keineswegs seynd wir gesinnet mit euch zu gehen, und zu leben, auf daß wir recht gehen, und gerecht leben, niemals betretten wir eure Länder, um euch zu ermorden, und euch um das Eurige zu bringen, wie es die Heyden machen, und ihr es anjetzo practiciret, womit ihr uns in die Armuth stürzet, also wisset ihr nicht, was GOtt befohlen, und was der König unser

ser allergnädigster Herr, in Ansehung unserer angeordnet hat. Das übri-
ge bezeugen andere Documenten, welche folgender massen beygerucket
werden.

No. 2do.

Copia eines Schreibens, welches das so genannte
Volck, Ovantes, oder der Seelsorger des Landes St. Francisco
Xaverio genannt, unterm 5ten Februarii 1756. an den besagten Gouverneur,
welcher das Volck selbigen Landes zur Armee der Rebellen abmarschiren
lassen, in Guarinischer Sprache beschrieben, abgeschicket, und von
selbiger in die Portugiesische Sprache von Wort
zu Wort übersetzet worden.

Joseph Tijaraju Gouverneur.

GOtt, die Allerseeligste Jungfrau, und unser Pater St. Michael sollen
eure und aller Vaterländischen Soldaten Begleitsmänner seyn. Unser
Pater Seelsorger erbricht euer Schreiben unterm 5ten February und ent-
nehmet in dem Zimmer St. Xaverii euer Wohlergehen. Alle Täge lieset
er, der Pater, die Heilige Meß vor dem Altar der seeligsten Mutter GOttes von
Loretto, daß sie für euch vorbitte, damit es euch wohlergehe, von allem Uebel
befreye, und für euch den gütigsten ewigen himmlischen Vater bitte. Eben dieses
Heilige Meß-Opfer verrichten auch für euch der gute Pater Tedea, und
Pater Michael, wie auch alle Patres anderer Völcker, und als Söhne beten sie stäts, damit durch göttliche Hülf euch alles gut von statten gehe.

Um GOttes willen bitt ich euch, haltet euch an die, welche es mit unserm Volck halten, seyd standhaftig in den Gefahren, und geduldig in allen
Begebenheiten, ruffet oft den süssen Nahmen Mariä, unsers Heiligen Patris
Michaelis, und des Heiligen Josephs an, und begehret von ihnen, daß
sie euch in euren Unternehmungen helffen, euch in selben erleuchten, und vor
allem Uebel behüten wollen. Wann ihr dieß thut, und mir folget, es kostet
GOtt und Mariam nichts, euch zu helffen, und alle Englische Macht wird euch
begleiten.

Wir verlangen zu wissen, was für eine Nation von unseren entfernten Völckern sich gegen euch ziehe, ein solches werdet ihr uns berichten, wir
wissen

wissen noch nicht, wer der Spanische Gouverneur seye, welcher mit den Spaniern kommet, und ob es der von Buenoysares oder der von Monte Vidio oder alle beyde seynd. Gleichfalls was die Castilianische Bagage-Wägen für eine Strasse nehmen, und ob sie gegen St. Antonio gehen; was vor Weg die Portugiesen nehmen, ob sie mit den Castillanern incorporiert seyn. Benachrichtiget uns dann von allem. Wenn die Unterthanen euch Briefe schicken, übersendet sie unserm Seelsorger.

Um GOtteswillen bitten wir euch nochmals, daß ihr euch von diesen Völckern, welche euch hassen, nicht betrügen lasset. Wann ihr ihnen etwa schreibet, bezeuget ihnen das große Mißvergnügen ihrer Anherokunft, und gebet ihnen zu verstehen, wie wenig ihr und unsere große Menge sie förchtet, und ob schon unserer nicht so viel wären, würden wir uns dennoch nicht förchten, weilen wir bey uns die seeligste Mutter GOttes und Schutz-Patronen haben. Wann ihr einen antreffet, befraget ihn um alles, und jener Kerl, den ihr von mir begehrt habt, kommet diesen Augenblick von diesem Volck, welchen ich euch alsobalden überschicken werde. Hier überschicke ich euch die Bildnuß unserer lieben Frauen der Mutter GOttes. Von Seiten unseres Volcks haben wir euch nichts zu schreiben, vertrauet auf das Gebet aller deren, welche es mit uns halten, und sonderlich auf das Gebet der unschuldigen Kinder, alle diese befleissen sich euch GOtt anzubefehlen. Unser Seelsorger nebst seinem Gruß an euch, recommandiret euch die Andacht gegen Mariam und unsern Heiligen Pater Michael an, mit der Erinnerung, daß, wann in etwas Abgang seyn möchte, ihr ihnen also bald schreiben, und alltäglich von allem deme, was sich zugetragen, Nachricht geben sollet.

Alle Augenblicke verlangen wir eure Begebenheiten zu wissen. Unser Pater der Pater Tedea, der gute Pater Michael wir alle nämlich, die wir in der Residenz St. Xaver!o seynd, grüssen euch, der gütige GOtt, Maria seine liebe werthe Mutter, und unser Heiliger Vater Michael seyen eure Gefährten. Amen. Von dem Volck zu St. Xaverio den 5ten Februarii 1756. Hofmeister Valentin Parigna.

No. Imo.

No. I.mo.

Abschrifft eines die Aufruhr und Betrügerey betreffenden Schreibens, so man von denen Cazziques (das ist von den Herren der rebellischen Ländern) vorgiebt, an den Gouverneur zu Buenosayres abgeschickt worden zu seyn, da es doch eine der Wahrheit widrige Sache zu seyn schiene, daß man dergleichen Schreiben gemeldtem Gouverneur zu kommen liese, und welches noch vernünfftiger ist, daß man unter dem Vorwand sich unter den Indianern sicher zu stellen, gesucht hätte, damit selbe Betrügereyen schreiben möchten, welche in selbem Schreiben enthalten seynd; diese Copia ist in Guarinischer Sprache verfasset, und von Wort zu Wort in die Portugiesische übersetzet worden.

Herr Gouverneur!

Ich übersende hiermit diß Schreiben, damit man endlich wissen könne, was sich zutragen möge, und damit Ihr euch über dies nur wohl entschliesset, und erkläret was ihr zu thun habt.

Ihr habt gesehen, daß im verwichenen Jahr der Pater Commissarius in diese unsere Länder angelanget, um uns zu beunruhigen, und aus dem Land unsers Volckes zu vertreiben, mit Vermelden, daß dis der Wille des Königs wäre; über dis habt Ihr uns ein zimlich gemessenes Schreiben zugeschicket, daß alle unsere Haabschaften, Häuser, und unsere schöne Kirchen sollten verbrennet werden. Ja ihr habt noch zugesetzet, daß ihr uns um das Leben würdet gebracht haben, gleichfalls mustet ihr in eurem Schreiben, zufolge unsers Befehls melden, daß auch dies der Befehl des Königs seye. Und wann sein Wille wäre, und or es also befehlete, würden wir alle aus Liebe GOttes vor dem Altar des Hochheiligen Sacraments sterben.

Haltet ein! berühret nicht die Kirchen so GOtt dem Herrn geweihet, dieweilen solches ein grausames Verfahren der Heyden ist. Und wie kan dies der Wille unsers Königs seyn, daß ihr uns von allen beraubet, und alles was uns gehöret, gäntzlich vernichtet, soll dies vielleicht der Wille GOttes oder seiner geheiligten Gebote seyn? Alles was wir besitzen, ist unser täglicher Schweiß, und da uns unser König nichts gegeben, warum hassen uns die Spanier also wegen dem Wenigen, was wir geniessen? Der König weiß ja sehr wohl, daß GOtt uns und unsern Voreltern diese Länder gegeben, solchemnach besitzen wir selbe vermög der Liebe GOttes. Der Pater Rochus Gonzalues hat sich schon gedemühtiget, schon von langen

Zei-

Zeiten her und bis anjetzo haben wir dem König in Spanien jederzeit den Gehorsam geleistet.

Nun weilen es also ist, wie wir glauben werden, was ihr sagt, so urtheilen wir, daß dieß niemalen der Willen unsers Königs seyn könne; nichts destoweniger ergeben wir uns hiermit, um die letzte Willens-Meinung unsers Königs zu vernehmen. Unsere Briefschaften seynd schon an den Hof seiner Residenz abgeschicket worden, damit er die Wahrheit vernehme. Noch vor wenig Zeit haben wir seine Instructionen erhalten, und wenn selbe gewiß waren, kommen sie doch mit eurem Brief nicht übereins: Wohl ein gutes Verlangen unsers Königs, wir wissen gantz wohl was er zu thun hat, wenn er unsere Briefschaften allborten sehen, und wegen unserm guten Verhalten verständiget werden wird. Ihr habt unsere Briefe, in welchen wir euch die unverfälschte Wahrheit gesagt, schon gesehen. Hier werdet ihr keine Aecker für uns und unsere Heerde antreffen, wir 7 Völckerschaften seynd nicht allein, sondern noch andere 12. Völckerschaften haben sich entschlossen, sich zu verderben, wann ihr uns dieser Güter beraubet. Mein Herr Gouverneur! Wann ihr diese unsere billige Entschuldigungen nicht anhören wollet, begeben wir uns in den Schutz GOttes, dann dieser ist es, der alle Sachen weiß, dieser allein kan über unsere Gebrechen urtheilen, an der Schuldigkeit gegen unsern König haben wir nichts ermanglen lassen; dahero seynd wir diesfalls voller Vertrauen, dieser Ursachen halber müssen wir unsere Briefschaften an alle Länder abschicken, damit auch die Heyden eine Erkänntnus unsers armseeligen Lebens, und an euren abscheulichen Handlungen ein Abscheuen haben, benachrichte man auch den König, auf daß Ihro Heiligkeit der Pabst auch wisse, wie wir da leben, und keiner ist, der es nicht sieht, bey euch ist das Vertrauen verlohren, das sicherste ist bey GOtt, der alles weiß und sieht, dieser lasse euch leben und uns auch, damit ihr an uns gedencker. Den 11ten May 1742 kame uns ein Brief von unserm GOtt und HErrn; unversehens equipierte man ein kleines wohl ausgeziertes Schifflein, dessen Mastbaum mit Silber beschlagen ware, und da selbes an dem Ufer des Flußes anländete, fande man auf desselben Spitze eine Schrifft. Mitlerweile, da man selbe zu Land brachte, geschahe ein Mousqueten-Schuß, worauf sich selbes in aller Eyl gegen uns kehrete, bald darauf aber in einem Flug wieder zuruck, und verschwande also gleich vor den Augen der Anwesenden. Dieses ist eine sichere Begebenheit, so sich zugetragen, da Don

Domi-

Dominico Ortey à Roxas, Gouverneur ware, gleichfalls hat man vernommen, daß eine Ladung, welche für den König 4000. Patacas, das ist, Silberstücke mit gebracht, und so sie ihme unter dem Titul eines Almosens gegeben, abgestoffen. Also spricht der Pater Pietro Annal, der es wohl weiß, in seinem Schreiben.

Anno 1752 in dem Monat May langte der Pater Commissarius Luigi Altamirano von Buenosayres bey denen Völckern zu St. Thomaso an, allwo er während seiner Aufhaltung allda das Volck beunruhigte, und dardurch selbes aufrührisch zu machen suchte, allein solches hatte keine Würckung, indeme er wiederum allein nach Buenosayres zuruck kehren muste, und da er dort anlangte, sendete er abermahlen den Pater Alphonsum Fernandos, Rochum Pallester, und Pater Augustin anhero. Als nun dieser Pater neuerdings den 23ten August 1753. zu St. Thomas anlangte, trachtete er bey diesem Volck sich wieder einzudringen, er wurde aber von denen Soldaten abgewiesen, dahero begab er sich zu dem Volck von Candelaria, und von dannen an einem Fest-Tag, wo die heilige Meß gehalten wurde, zu dem Volck, die heilige Empfängnus genannt, allein die Soldaten wiesen ihn nicht nur allein von neuem ab, sondern jagten ihn gar zuruck. Ueber dieses schriebe er dem Pater Romano di Toledo, Pfarrern von St. Maria Maggiore einen schändlichen Brief, den er zu überantworten einem sichern Capitain Luigi Etuatrahi anvertrauete, dieser brachte denselben denen zu St. Nicólo, nämlich dem Pater Carlo, und Pater Simone Santo glücklich zu handen. Dieser schändliche Brief handlete nur von der Vertreibung der Patrum.

Schließlichen begaben sich 30. Soldaten von St Luigi zu dem Volck von St. Nicolo, welche dem Pater Carlo in der Kirchen in Gegenwart aller Anwesenden die Schrifften aus der Hand entrissen, und selbe den 8ten Septemberis offentlich auf dem Platz verbrannten. Dies ist was die von St. Luigi verübet, das ist die Art mit welcher sie das Heilige Meß-Opfer des guten Patris verhindern wolten.

Den Tabernacul wolten sie in Stücken zertrümmern, weilen sie aber daran verhindert worden, so gehen sie nicht mehr in diese Gegend, sondern überließen solches dem Anführer Jovart, der sich darzu anerbotten hatte.

Michael Cheppe Oberster-Eomenegildo Choruppi Secretaireli Cazichi und Don Guliano Gotuca. Alles dieses ist verübet worden. Kuchen-Knecht- und Ybavera von St. Michael.

No. Imo.

No. Imo.

Abschrifft von der Geschlossenen Convention zwischen Gomez Freire von Andrade und dem Cazzichi den Waffenstillstand betreffend.

Den 14ten Novembris 1754. lage ich in jener Gegend des Flusses, allwo Se. Excellenz der Hochgebohrne Herr Gomez Freire von Andrade, Gouverneur und General-Capitain der Lands-Hauptmannschaft in der Gegend Janeiro, und in Mineralibus oder Bergwesen Bestelter, mit denen Portugiesischen Trouppen zum Succurs deren Trouppen Sr. Catholischen Majestät stunde, in der Meinung, die sieben an dem Orientalischen Ufer von Paraguay gelegenen Völcker aus dem Land zu treiben, welches, vermög des Confinen-Tractats unserer Crone in Gegenwart Sr. Excellenz des obgedachten Herrn Generals zugesagt worden.

Dabey erschienen Don Francesco Antonio Cazico von dem Volcke St. Angelo, Don Giftofano Acatú, Don Bartholomes Candiæ Cazicchi von dem Volck St. Luigi, und Don Francesco Guacú, letzter Gouverneur zu St. Luigi, welche sämtlich seiner obgedachten Excellenz gesagt, und gebetten, daß sie ihnen erlauben möchten, in Frieden und ohne Schaden in ihre Pflanz-Städte zurück zu kehren, sie nicht einzuholen, noch auch mit Weib und Kindern gefangen zu nehmen, indeme sie nichts feindseeliges gegen die Portugiesen vorhaben wollten.

Worauf gedachter Herr General, und die andere unterschriebene Officiers antworteten, daß sie sich bey diesem Corps der Trouppen aus allerhöchsten Befehl ihres Monarchen befänden, und allda so lange warten würden, bis daß die Reuterey, und die Convoy der Armee, so der Herr General Don Giuseppe von Andonaique anführet, im Stand wäre, ihren Marsche fort zu setzen, welchen sie aus Mangel der Vivres aufschieben, und noch darzu etwas zurück weichen musten. Dannenhero, sobald sie von bemelden Commendanten, der jederzeit zu avanciren gedachte, die Ordre erhalten haben, entschlossen sie, nicht sich zu retiriren, sondern vielmehr sich zu fortificiren, und allda Posto zu fassen.

Da dieß die Cazichi, und andere Indianer, die da anwesend waren, vernahmen, baten sie um GOttes Willen vor einige Zeit um Zuflucht, welten sie die Hoffnung hatten, daß Se. Catholische Majestät von ihrem armseeligen Zustand besser informirt, ihnen seine Königl. Clemenz und Güte angedeygedeyhen ließe, ein Mittel zu treffen, um ihren Mühefeeligkeiten zu succuriren, und im Fall der Hof zu Madrit, und der Spanische General ihr Bitten nicht erhörte, und auf ein neues den Marsch antretten würde, hielten sie für eine sichere Sache, daß die Portuglesen zu Vollziehung der verordnungen des Königs ihres Herrn dieß bewürckten. Da dieß obgedachter Herr General vernahme, erwiederte er, daß er nicht entschlossen wäre, einen Fuß breit Landes, wo seine Trouppen stehen, zu Grund zu richten; sondern daß er sie mit jener Güte tractiren wollte, wie sie es von ihm begehrten, jedoch mit Zulassung der vermög des Vergleichs erlaubten Zeit, und daß er mit ihnen noch Gedult haben wolte, biß daß die Spanische Trouppen wiederum zu Feld ziehen. Doch aber mit dieser Bedingnus, daß wann sich die Cazichi samt ihren Officiers, und Mannschafft in Kürtze in ihre Pflanz-Städte würden retiriren, und das Kriegs-Heer ohne ihnen einigen Schaden durch Feindseeligkeiten zuzufügen, den Fluß Pardo paßiret haben, da sollen dann beyde Theil in guter Verständnus in so lange leben, biß beyde respective Höfe den Entschluß gemacht hätten, oder aber biß das Spanische Kriegs-Heer zu Feld gezogen wäre, sintemalen, wenn die Portuglesische Trouppen ausmarschiren werden, die Executiones der Verordnungen des Generals von Buenosayres müßen vorgenommen werden, und damit kein Zweiffel entstehen möchte, als erkläret man, daß die innerliche Entscheidung des Flusses Vidio durch den Guayba biß dorthin wo der Fluß Jacui bey welchem wir campiret, und uns längst des Arms, so von der Seiten Sud-West der seinen Lauff nimmt, biß zu seinem Ursprung extendiret haben, sich in selben ergiesset, müsse verstanden werden.

Auf demjenigen Theil des Landes, wo die Zertheilung des Flußes gegen Norden ist, solle kein Indianer, und kein Vieh sich blicken lassen, und so etwa ein oder das andere alldort solte angetroffen werden, solle das Vieh als für eine verlohrne Sache angesehen, die Indianer aber davor namhafft abgestraffet werden. Auf der andern Seiten hingegen solle kein Portugleser paßiren, und falls sich einer allda befinden würde, solle selber von den Cazichen, und andern Richtern des schon bemeldten Volcks auf gleiche Art bestraffet werden, ausgenommen diejenige, welche mit Botschaften zu beyderseitigen Partheyen geschicket wurden, massen diese vor treue Leute anzusehen seynd. Nachdeme man die Vollziehung alles dessen, was sich zugetragen, versprochen hatte, bekräfftigte dieß Se. Excellenz der Herr Gene-

E

neral seiner Seits, als auch gemelte Cazichen, welche bey dem Pater Tomaso Clarque mit Legung der Hand auf das heilige Evangelium den Eyd ablegten. So geschrieben

Emanuel von Silva Neves Expeditions-Secretarius.

Gomez Freire von Andrade.
Don Martino Giuseppe von Echaure.
Don Michael Angelo von Plaseo.
Francesco Antonio Cardafo di Meneses und Souza.
Tomaso Luisi Osorio.
Don Christoforo Acalù.
Bartholomeo Candicè.
Francesco Antonio.
Fabiano Naguaiù.
Giacomo Pindo.

E N D E.

Compendioser Extract

Der letzlich vorgefallenen Geschichten, und Handlungen der Patern Jesuiten in Portugal, und deren von ihnen bey dem Lissabonischen Hof ausgesonnenen Intriguen, welche ein sicherer dießfalls wohl informirter Portugiesischer Minister einem an dem Spanischen Hof residirenden Minister und Freund zugeschrieben.

Werthester Herr und Freund!

Um denenselben mit derjenigen Hochachtung, so ich gebrauchen sollte, eine klare Idée, die sie von mir verlanget haben, zu geben, und jenes was bey diesem Hof, und wider den Spanischen Hof von denen arglistig-sinnreichen Jesuitern erdichtet worden, zu berichten, würde durch eine weitläuftige Beschreibung dessen ein gantzes Volumen nicht erklärlich seyn. Indessen,

sen, da uns beyden vermög des Geschäfften, die Zeit länger in dergleichen aufzuhalten zu sparsam würde, als werde ich nur mit wenigen dieses beybringen, was hinlänglich ist, damit dieselbe leichtlich aus einer kleinen Deduction deren nicht zweydeutigen, sondern klaren Begebenheit entnehmen können, nämlichen was der Geitz bey den Menschen vermag, und was dieser in dem Geist dieser Geistlichen, welche ihr heiliger Patriach, und ihr heiliges Institutum uns zur Unterweissung, und durch ihre gute Beyspiele und Lehre zu unserer Auferbauung auserkohren, gewürcket hat, wo hingegen sie gantz America und Europa in solche Verwirrungen, und Mißverständnus gesetzet, und durch solche noch niemals erhörte Aergernussen ihren Einwohnern ein Abscheuen verursachet haben. Uebrigens waren die Verwirrungen und Insolentien, so die Jesuiter zu Anfang der glücklichen Regierung des Monarchen in Maranhaon, um die Execution des Tractats wegen denen Gräntzen der eroberten Ländern zu verhindern, von Tag zu Tag erreget, und vermehret haben, wie auch die Empörungen, so selbe aus gleicher Ursach in Paraguay, Uraguay in diesem Land selbst, und sogar in dem Königlichen Pallast selbsten intentiret haben. Da nun viele dringliche Bewegungs-Gründe den König dahin verleiten, daß Höchstgedachter Monarch denen Patribus deutlich zeigete, wie hoch sein gerechter und Königl. Gewalt und Macht sich erstrecke, welches die Monarchen ansonst nicht gewohnt seynd zu thun, auch sich dessen nicht anderst bedienen, als wider die der Empörung und Aufstandes beschuldigten Geistlichen, und zwar wider geringere und nicht so schädliche Empörungen, als jene die diese insolente Hochmuths-Geister im Nordlich- und Südlichen Brasilien, und vesten Land des Reichs, wie auch sogar bey Hof selbsten erfunden und erreget haben! und waren die Bezüchtigungen, mit welchen unser gnädigster Monarch und Herr wider sie verfahren, in Betrachtung eines so grossen Verbrechen wenig anzusehen, und allzu gelinde gemessen, massen er nur dahin ziehlete um die denen Jesuiten angebohrne unersättliche Regier-Sucht und helmdückische Handlungen zu verhindern, und zu benehmen, und daß das Werck Gräntzscheidung ohne ihrer hartnäckigen Widersetzung vor sich gehen, der der Hof und die Unterthanen in der Ruhe verbleiben sollten; allein des Monarchen allzu grosse Güte hatte eine weit widrige Wirckung, als man es verhoffte, wie folgends zu ersehen ist.

Da diese Patres vermerkten, daß es eine Unmöglichkeit wäre die Beständigkeit des Vorhabens unsers Königs, und Ministerii zu zernichten, indeme ihr boßhafftes Beginnen nur dahin ziehlte um die Execution des obbemelten

E 2 Trac-

Tractats zu verhindern, und auf solche Art in ihrer wucherhaften Possession des Reichs, welches sie in dem Mittel-Punct der über Meer gelegenen Gebieten dieser zweyen Monarchen an sich gezogen, zu verbleiben.

Ja so bald selbe gesehen, daß Gomez Freire von Andrade mit einem Kriegsheer gegen den Fluß Prata, und Franciscus Xaverius von Mendoza mit 3. in Para neu aufgerichteten Regimentern anrucketen, waren die Patres von Verstand gekommen, indem sie von neuem (mit nämlichem Stehl und Ende) die abscheulichsten Mittel ergriffen, die Regierungs-Maxime unsers Königs, und die getreuen Dienste des ganzen Königlichen Ministerii zu verschmähen und verhasset zu machen; und zwar auf eine eben dergleichen Art, wie sie es bey andern Höfen in dergleichen Umständen, mit Begehung verschiedener Excessen, welche uns Schrocken und Abscheuen verursachet, ausgeübet haben.

Einer Seits besprachen sie sich gerne mit jenen Personen, bey denen sie merckten, daß sie mit der Regierungs-Maxime übel zu frieden wären, entweder, weilen der König unser Herr sich ihrer nicht bediente, oder aber weilen er ihnen keine Abfertigung, die sie merititret, gabe; anderer Seits sprengeten sie theils öffentlich, theils heimlich die abscheulichste, falscheste, und niemahls erhörte Verläumdungen wieder den Hof aus, ja lästerten sogar Se. Königl. Majestät, beschimpfeten und verschwärzten die verwunderliche väterliche Vorsehungen des Königs unsers allergnädigsten Herrn, mit welchen er doch seine getreue Vasallen, welche von Tag zu Tag immerfort die glückliche Zufälle seiner unvergleichlichen Glückvollen Regierung nicht nur allein verehren sondern gleichsam anbeten, so vielfältig begnadiget hat.

Ebenfalls trachteten sie vermög dieser Machiavellischen Betrügereyen die gute Einhelligkeit dieser zweyen Höfen zu trennen, und selbe nicht nur allein durch feindseeligen Betrug diese zwey höchsten Personen, sondern auch mit andern schädlichen Erdichtungen die Executores des in ihrer Nasen riechenden Tractats wider einander aufzuhetzen, in deme sie in Lißabon aufbrachten, daß Portugal der Betrogene, und in Madrit daß dieser derjenige seye, der Spanien betrügete.

Endlich da sie gesehen, daß die Compagnie zu Para aufgerichtet ware, und dadurch ihre Handlung in Abgang kommen werde, welche sie in diesem Staat floriren machten, so hatten sie sich mit der größten Vermessenheit neue Aufruhr wider selbe bey Hof selbsten zuerwecken unterstanden, wie es auch in der That geschehen wäre, wenn nicht der König ohne Verweilung den Patrem Pallester von Hof gejagt hätte, welcher in der ersten Predigt das

Volck

Volck zu einer Aufruhr wider die Compagnie von Para gantz unverschämt veranlasset hatte, mit Vermelden auf der Cantzel, daß derjenige, der sich in diese Compagnie einließe, sich keine Hoffnung machen dürffte, in die Gesellschaft der Auserwählten zu gehen. Der Pater Benedictus di Francesca streuete theils durch sich selbst, theils durch andere seine Mitbrüder in allen Häußern der Ministren und Particularen die nämliche boshafften Eingebungen aus, wo man entweders aus der üblen Gesinnung, oder Unwissenheit dessen, welches ihm eben zu seinem Betrug dienlich ware, etwas entnehmen konnte.

Unterdessen ließe der König zugleich einige Handels-Leute von dem so genanten Banco des gemeinen Wesens, theils in Verhafft nehmen, theils verjagen, welche durch Anstiftung besagter Patren (vielmehr aus Unwissenheit als Bosheit) dem in der Audienz begriffenen König ein Memorial wegen der Aufruhr einreicheten, vermittelst welchen der König also gleich den obangezogenen Banco des gemeinen Wesens eingestellet und abgeschaffet, wodurch dann nebst andern vernünftigen und gerechten Mitteln die allerabscheulichsten Verwirrungen, welche die Patres mit nämlicher Gesinnung samt einigen wenigen vorsehenden Fremden bey dem Hof selbsten ausgesonnen hatten, behoben wurden.

Auf einer andern Seiten eröffnete sich für die Patres ein neues und sehr trauriges Spectacul durch das Erdbeben, durch dessen Gelegenheit sie ihre Klagschrifften an den Tag kommen lassen wolten, und welches ihnen sehr wohl dienete, um zu ihrem abscheulichen Endzweck zu gelangen. Die reiffe Bößheit Machiavelli hat nichts Pollitisches erfunden, das ihnen nicht gedienet hätte; bald traten sie mit Prophezeyhungen hervor, bald droheten sie Zerstörungen, unter irrdische Feuer-Ströme, und Uebergiessungen des Meers selbsten an, bald liessen sie sowol durch sich selbst, als auch durch andere mit ihnen Verschworne, die öffentliche Europäische Zeitung mit neuen Unglücks Fällen, äussersten Mühseeligkeiten, und mit Schauervollen Schrecken, welche man noch nie erlebet hat, anfüllen. Ueber dieß gaben sie vor, es graßireten neue Sünden, die doch nicht erfolget seynd, und gaben fälschlich vor, daß öffentliche Laster, bey nämlicher Zeit, da doch sowohl bey Hof als in dem Königreich selbsten eine sehr gute und exemplarische Regierungs-Art, welche so lang Portugall in seinem Flor ist, biß zu unsern Zeiten in demselben niemals ist gemercket worden, allenthalben in dem Schwang giengen, ja ihr unglaubliches, niemals verhofftes noch erhörtes Beginnen und Vermessenheit erstreckte sich so weit, daß sie aufrührerische und mit gedachten Falsch-

E 3   heiten

heiten angefüllte Schrifften auffetzten, und selbe GOttesrauberischer Weisse vor die Augen der Königl. Majestät selbsten gelangen liessen, um des Monarchen grosmüthiges Hertze zu entrüsten, der doch für unsere höchste Glückseeligkeit von dem Höchsten GOtt eine solche Gemüths-Beschaffenheit hatte, die dergleichen Bosheiten und teuflische Eingebungen mit unveränderlicher Standhafftigkeit ausschluge, alleine auch diese Vermessenheit ware ihnen noch nicht genug, sondern unterstunden sich die in ihrem schelmischen Hertzen ausgekochten Mißhelligkeiten und Zwytracht unter dem arglistigen Vorwand der Andacht und Gottseeligkeit durch Capuciner-Habits, derer aufrichtige Handlung dem König sehr angenehm ware, und ihn zur Gottesfurcht leitete, bey Hof auszusäen, und dieß zwar durch zwey Patres Porboni, welche sie in vorigen Jahren in dem Profeß-Hause zu St. Rocho beherberget hatten, und damit sie sich derer recht versicherten, liessen sie selbe in die Herberg zu St. Apollonia überbringen.

Da sie indessen die Genueser fortgeschicket haben. Dieser zwey Capuciner gebrauchten sie sich als Werckzeug nicht nur obangezogenen Schrecken zu verursachen, sondern allda auch noch andere schädlichste Aufruhr zu bewürcken, welche jedennoch der überaus durchdringende Verstand des Monarchen über den Hauffen geworffen, und zu Wasser gemacht: Endlichen hatten die obbemelde unverschämte Heuchler (da sie auch zuvor zwey Capuciner auf ihre Seiten gebracht) die Bestättigung aller dieser Betrügereyen verschworen, mit dem boßhafften Vorhaben, selbe nicht nur bey Hof, sondern auch in dem Ort der Königl. geheimsten Sachen zu bewerckstelligen. Dergestalten, daß, wann die Begreiffung und die Beständigkeit des Monarchen wäre überwunden worden, hätte nicht nur das gantze Königreich den Untergang zu gewarten gehabt, sondern dieses wurde sogar bey der allerhöchsten Königl. Macht und Authorität den letzten Stoß gegeben haben, wormit nachhero aus dieser unwidersprechlichen Verwirrung das schon längst vorhinein ausgesehene Jesuiter-Reich oder Tyranney wurde erwachsen seyn.

Da dann einerseits diese ungemein grosse Verwirrungen aufgehoben, und derselben Urheber zur Straf gezogen worden, zugleich auch die sogenannte Compagnie dell Agricoltura delle vigne dell Alto Duero, oder Weinbergs-Gesellschafft offentlich angeschlagen, brache auf ein neues die bey dem Lissabonischen Hof schon zerstreute Aufruhr in der andern Hauptstadt des Königreichs Porto in Flammen aus, massen die Jesuiter alle Krafften anspannten den König unsern Herrn seine glückliche Regierung und sein gantzes Ministerium theils durch Beschuldigungen, theils durch Verläumläumdungen so sie in- und ausser dem Königreich aussprengeten, bey allen Unterthanen verhaßt zu machen. Massen diese boßhafftige Heuchler bey dem gemeinen und einfältigen Volck aufbrachten, daß die Weine der obangeführten Compagnie zu dem Heiligen Meß-Opfer nicht gebraucht werden können.

Gleichfalls suchten sie die Relationen des Tumults aus ihrem Archive wiederum hervor, welcher Tumult 1661. in der gemelden Stadt in vollem Geschrey von den Buben und Weibern unbestraffter erreget worden, um dadurch denen übelzufriedenen, und denen die davon nichts wusten Impression und Argwohn zu machen. Auch so gar musten durch diese Teufflische Eingebungen einige Priester, derer Einfältigkeit ihnen dienete, selbe einzuflössen darzu gezogen werden.

Die Sache ware auch schon so weit gekommen, daß in der gedachten Stadt Porto der den 23ten vorigen Jahrs entstandene Greuel-volle Tumult, bey welchen man eine gleiche Menge wie bey vorigen Anno 1661 entstandenen, gesehen, ausbrache, also zwar, daß der König ohneracht seiner allzugrossen Güte wider seinen Willen sich genöthiget sahe, die Einwohner derselben Stadt zu bestraffen, jedoch aber mit mehrerer Gelindigkeit, als die unentbehrliche Noth es erfordert hätte ein so schädliches Beyspiel abzustraffen. Und eben dadurch wollte er auch denen Unterthanen die sich daran geärget hatten, eine solche Satisfaction geben, die ein so grosser und unerhörter Schimpf von Natur selbst unter ihnen verdienete.

Unterdessen aber ware kein Mittel erklecklich den vermessenen Hochmuth der Jesuiten zu stürtzen, da sie sich doch natürlicher Weise hätten betrüben, beschämen, und bereuen sollen, in Ansehung dessen, weilen ihre unglückseelige Stadt hart mit Soldaten gedrucket, und die Einwohner in denen Fesseln und Banden zu seuftzen genöthiget waren. An allem diesem ware Ursach die ausgesonnene Boßheit, mit welcher diese gottesvergessene Religiosen auf so vielerley Art zu dieser nothwendiger Weiß erfolgenden Armseeligkeit geholffen haben. Auf so verschiedene Art verhielten sie sich, wie man es aus denen Thaten, welche nicht in Abred können gestellt werden, ersehen wird. In diesen verwirrten und dringenden Umständen ergrieffe der König unser allergnädigster Herr die nothwendige Entschliessung, die Beicht-Vätter von der Burg zu verjagen, um diesen Heuchlern alle Gelegenheit der zu befürchtenden Uebeln, so sie in dem geheiligsten Ort der Beicht seiner Königl. Majestät und Dero allerhöchsten Angehörden beyzubringen sich nicht scheueten, abzuschneiden; Sintemahlen ihr Absehen ware, die Ministros vermög ihres

Ansehens

Ansehens und vermeinten sehr grossen Gewalts, so sie vor denen Augen der Menschen zeigeten, und durch die vorgegebenen schädlichen Folgungen ihrer so lange Jahr hindurch anhaltenden Nachläßigkeit in Vollziehung der Königl. Befehle, von welchen allen die Jesuiten weder Nutzen noch Schaden hatten, und die Einwohner durch diese verruchte und lügenhaffte Furcht, so sie dem König und andern einjagten, unter die Füsse zu bringen; aus welcher nachhero, für ein so grosses Laster allzu geringe Straf, nichts anderes erfolgte, als daß die verruchten Böswichter von neuem anfiengen, Lügen und Betrügereyen zu erdencken, vorgebend, daß all ihr Thun und Lassen in dem Maranhaon und Urgawi gerecht und nicht tadelhafft seye; wie auch daß die Geistlichen in diesem Königreich, dieweilen sie den wahren Glauben zu unterstüzen suchten, verfolget werden, massen man schon trachtete den wahren Gottesdienst abzuschaffen, von welchem doch wie die gantze Welt weißt, die Jesuiter abgesagte Feinde seynd, und um keiner andern Ursach willen, als dieweilen ihnen die Verwaltung desselben nicht anvertraut wird. Nicht minder gaben sie auch vor, daß der König gesinnet seye, die Religions-Freyheit in Portugall zu gestatten, und die Protestantische Nationen dahin zu ziehen, daß die Cron-Prinzeßin einem solchen Fürsten werde vermählet werden, daß der Tumult zu Porto keine ungerechte Sache seye, auch nichts zu bedeuten habe, und solches nur ein eitles Buben und Weiber Geschrey gewesen, nicht weniger daß man die Revoltirung allzu scharf und ungerecht bestrafet habe.

Da nun der König vernehmen mußte, daß die Bewegursachen sich vermehrten, suchte er sich und seine Unterthanen von dergleichen schädlichen und gottesrauberischen Beschimpfungen nothdringlicher Weise zu befreyen, mit Entdeckung aller dieser Lasterhafften Uebelthaten, indeme er der gantzen Welt darthun wolte, wie gerechtsam und gebührend er gehandelt habe, so ertheilte er auch alsobald den allerhöchsten Befehl, daß man die zwey Verantwortungs-Schrifften, deren Abschrifften ich samt beyliegenden Schreiben zu klärerer Einsicht nächstens übermachen werde, drucken und publiciren lassen solle.

Eine aus diesen Verantwortungs-Schrifften enthält in sich nur einen Extract aus denen Briefen des Gomez Freire von Andrade, Franc. Xaverii von Mendoza, und des Bischoffes von Para in einem kurtzen und leichten Stylo verfasset, und aus denen in der geheimen Staats-Cantzley liegenden authentischen Original-Schrifften gezogen, in welchen nur die schon allenthalben bekannte Begebenheiten, derer Gerücht auch in gantz Brasilien und allen correspondirenden Einwohnern dieses Königreichs schon sattsam bekannt, enthalten seynd.

Das

Das andere Manifest begreiffet in sich die Abschrifft des Original-Sentenzes, so man zu Porto über einem Proceß wegen 4000. Schrifften gefället hat, laut welchem die Regierung dieser ehrsüchtigen Religiosen in unserm Königreich ein weit anderes Ansehen wurde genommen haben, wann nicht unser gnädigster Monarch gleich von Anfang mit Vorbeugung all desjenigen, was denen Geistlichen zu gehörte, hätte entscheiden lassen.

Gewiß ist es, daß diese zwey Manifeste samt denen unwidersprechlichen Begebenheiten, die in selben enthalten seynd, dem gantzen Königreich die heimliche Aufruhr und das boßhafte Beginnen der Jesuiten, an das Tagslicht gelegt haben; indeme man alle ihre schon geoffenbahrte Falschheiten und Betrug hiermit widerleget hat. Gleichfalls ist nicht in Abred zu stellen, daß nachdem sie gewitziget und überwiesen worden, daß Portugal mit sich nicht schertzen liesse, sich diese nichts destoweniger bemüheten ausser dem Reich in fremden Ländern mit grösserer Aengstigkeit die Seuche der von ihnen erdachten Schandthaten und Beschimpfungen nicht nur allein auszubreiten, sondern auch alles vermessentlich zu läugnen und alle Unterthanen so wohl in Paraguay als Maranhaon zu einer neuen Aufruhr und lastervollen Beschimpfung zu verleiten. Nachdeme Sie nun die Kühnheit gehabt, alles dieses zu verneinen, was schon der gantzen Welt bekannt, auch von jederman und in Gegenwart dreyer Kriegs-Heeren und gantzen Brasiliens die davon Zeugnus geben können, gesehen worden, so will dieß nichts anders sagen, als läugnen, daß drey Städte, nemlich Lissabon, Madrit, und London in Europa seyn, und zwar in Beyseyn jener Personen, welche niemals bißhero in selben gewesen seynd. Dieß ist ebenfalls ein Betrug mit welchem sie nichts gestehen wollen, und durch diesen gelunge es ihnen dergleichen abscheuliche Bubenstücke bey dem Madritischen Hof unglaublich zu machen. Durch nämliche Betrügereyen führten sie auch hinter das Licht, den Ertzbischoff von Manila in Asien, und in America den Bischoff von Paraguay Don Bernardino de Cardenas, wie auch den Bischoff von Puebla von Angioli, den Ehrwürdigen Don Giovanni di Balla Fore und Mandoza, auch hatten sie durch listige Erfindung die wiederholte Klagen derer Völcker und derer Bischöffe von Brasilien bey dem Lissabonischen Hof zu verbergen gesucht, also zwar, das einige dergleichen Klagen niemals zu den Ohren des Durchlauchtigsten Königs und Herrn Don Giovanni des Fünften gelangen konnten. Einige geriethen ihm zwar in die Hände, welche aber schon vor 20. Jahren hätten expediret werden sollen, welche dann auch nach Hinscheiden des Königs Höchstseeliger Gedächtnus unberührt gefunden, und darüber niemahls keine Königl. Resolution verfasset worden.

F

So weit nemlich erstreckte sich die Authorität dieses Patres bey diesem Hof und so groß ware die Uebermaas des Einflusses in denen Unternehmungen, welche über die Schrancken der Ehrfurcht, so sie einem so mächtigen König schuldig, getretten ist, und so mercklich ist der Schaden, welchen beyde Monarchien erfahren haben, dieweilen man denen erstatteten Berichten jener Ehrwürdigen Prælaten und gerechten Klagen der unterdruckten Völckern zu bequemer Zeit, und bevor die ruhmsüchtige Pfaffen in Aßien und America ihre Kräfften und Ansehen, welches heut zu Tag ihre vermessene Hochmuths-Geister entzündet, kein Gehör geben wolte. Mit Beschliessung dessen beharre Deroselben in Ergebenheit, und befehle sie dem göttlichen Schutz.

Lissabon, ꝛc.

Nun weiß man nur gar zu gewiß, daß eine sichere Persohn diese Memorien oder Denckschrifften, welche schon als Manuscripta in Europa allenthalben bekannt, und ausgestreuet seynd, zu wiederlegen und zu verschreyen sich verlege und bemühe, auch woher dieselbe Erlaubnus habe. Allein sehr boßhafft ist gewißlich der Rath dererjenigen, welche die Wahrheit mit List und Lügen umzustürtzen und zu verhüllen suchen, maßen sie gar wohl zu erkennen geben, daß sie die göttliche Lehre des Heiligen Pauli vergessen haben: Non possumus aliquid adversus Veritatem, nemlich: wir vermögen nichts wider die Wahrheit.

So viel man aus dieser alleinigen und bloßen Erzählung ersiehet, eben so viel soll man auch sich auf die wohl schon bekannte, als auch anwesende Begebenheiten stellffen; als Begebenheiten, so sich nicht nur in Angesicht der Trouppen der zweyen Monarchen, sondern auch vor den Augen der Unterthanen und Einwohnern des Americanischen Spaniens und Portugals zugetragen haben. Nicht minder Begebenheiten, welche dem Publico zur Erkänntnus aus denen gründlichsten Beweißthümeren und Urkunden ohne einige Vermischung, wo man den mindesten Zweiffel haben kunte, seynd entnommen worden; Endlichen sage ich Begebenheiten, welche mit Beydruckung der Königl. Wappen unterzeichnet zu ersehen, und von denen Ministris des Königs schrifftlich authentisiret und glaubwürdig gemacht worden.

GOtt verhüte, daß die blinde Partialität der treuen Adhärenten dieser löblichen Societät nur nicht einige öffentliche Falschheiten zu diesen Gedenckschrifften hinzufügete, maßen ein solcher Thäter dörffte benöthiget werden, dieselbe um so mehr öffentlich zu bezeugen, und die Original-Schrif-
ten

ften der Bischöffen von der Gegend des Flusses Gennaro, und Groß-Para zu beweisen, welche sich wegen der abschlägigen Antwort der Jesuiten in Betreff der Publication der Bulla des Creutz-Zuges, und andern denckwürdigen Begebenheiten, wegen welchen das Volck wie bey anderen Gelegenheiten hätte ausschreyen sollen, nemlich die Tugend ist groß und ziehet vor, aufzuhalten Ursach gehabt hätten.

Unter deffen lasset uns hoffen, daß die gottesfürchtige und kluge Vorsteher und Regenten der berühmten Gesellschafft in nächsten Land-Tägen sich beflissentlich bemühen werden, dieselbe von den angesteckten Gliedern zu säubern, und daß die Erneuerung des Geistes (lährliches sehr heil. Exercitium der Gesellschafft) ins künstige nicht wegen dem Wachsthum der Societät, sondern wegen der Glückseeligkeit und Nutzen der allgemeinen Kirchen, nicht für die Fortpflanzung ihrer Eigensinnigkeiten und falschen Gesinnungen, sondern um die Wahrheit einzupflantzen, auch nicht aus eigennützigen politischen Absehen, sondern nach der Evangelischen Wahrheit angestellet werden möge.

Dieser ist mein guter Catholischer Christ, der sich noch der Heiligkeit der alten Jesuiten, derer Demuth, behenden Gehorsam gegen den Päbstlichen Stuhl, uneigennützigen Eyffers, und vorhin niemals gehegten Neides gegen andere Regulirten, und mit allem Lob aufrechtstehenden Heiligen Orden erinnert. Solcher weinet nicht mit den Seufftzern der Tauben wegen einer so unverhofften Veränderung.

Die Hohepriester des Volcks Israel weineten vormahls, qui viderant Templum prius quam fundatum esset, & Templum quod erat in Oculis eorum, daß ist, welche den Tempel gesehen, ehe er erbauet ware, und den Tempel, der in ihren Augen ware. Wann diese die alte Zierde mit dem neuen Wust verglichen, werden sie mit Reue und Weheklagen trauren.

Anderst kan es sich nicht zutragen in Betrachtung, daß unter denen Mitgliedern dieser Societät die Begierd Reichthümer zu sammlen, die ihnen unanständige und ärgerliche Unternehmung des Handels und Wandels; die allschon zu sehr an den Tag gelegte Verachtung derer apostolischen Verordnungen oder Constitutionen, welche nicht nach ihrem Nutzen und Geitz eingerichtet seynd; das verzwelfflete Beginnen, auf das nachdrücklichste die begangene Fehler ihrer Mitbrüder zu vertheidigen; die ihnen eigenthümliche Gebräuche, aus einem jeden Gebrechen eines andern Privat-Menschen ein allgemeines heraus zu erzwingen; der Haß gegen andere Regulirten Geistlichen, um dieselbe theils durch vergiffte Ehrabschneidungen, theils durch

ihren

ihren vorzüglichen Hoffarts-Geist in Mißcredit zu bringen, und endlich das ihnen angebohrne Gifft durch schmähhafte arglistige Witzigkeit andere, welche es nicht mit ihnen halten, und denen leeren Meynungen ihrer Doctrin nicht nachkommen wollen, durch die Hechel zu ziehen, allzustarck eingerissen.

Diese Confrontirung so nachtheilig sie auch dem löbl. Instituto des Heil. Ignatii ist, um so viel mißfälliger wird sie einem die Wahrheit und die Tugend Liebenden vorkommen, sollte sicherlich zwey Würckungen hervorbringen. Die erste in dem Gemüth derjenigen welche diese Denckschrifft oder Memoire sehen, indeme sie daraus die Ursachen so vieler Ueblen entnehmen können, die andere Würckung solle seyn in denen Gedancken der Patern dieser Gesellschafft, massen sie hieraus eine nothwendige, ernsthaffte, und daurende Verbesserung erlernen würden, um denen obangezogenen schon an den Tag gegebenen Fehlern nothwendige Mittel vorzuschreiben, damit die Gesellschafft zu vorigen Ehren wiederum gelange, in denen Missionariis der Apostolische Geist der Demuth und Armuth von neuem brenne, und endlich die gnädige Wohlgewogenheit der Königl. und Fürstl. Häupter gegen dem löblichen Instituto des Heil. Patriarchen Ignatii nicht gäntzlich erlösche.

E N D E.

D. F. Michael von Bulhoens
Aus dem Orden des Heil. Dominici, von GOttes Gnaden und des Heil. Apostolischen Stuhls, Bischoff zu Groß-Para, und Rath Sr. allergetreuesten Majestät.

Machen hiemit zu wissen, was gestalten, nachdeme Ihro Päbstliche Heiligkeit Benedictus der XIV. glückseeligster Regierung von dem gottlosen und ungerechten Verfahren derer Einwohner des gegen Abend und Mittag liegenden Indiens, gegen die Indianer benachrichtiget worden, wie auch daß sie ohnerachtet des eigenen Gesätzes der Leutseeligkeit gegen besagte Indianer, nicht nur allein gegen alle Billigkeit verfahren, sondern auch selbe auf eine ungerechte Weise der harten Bedingung einer fast gäntzlichen

Dienst-

Dienſtbarkeit zu unterwerffen und ihrer Freyheit zu berauben, geſuchet; woraus nachhero die kägliche Würckung entſtanden, daß eben jene Indianer die Bekehrung zu unſerm allein ſeeligmachenden Glauben verabſcheueten. Danenhero um dieſen ſo vielen verwirrten Schäfflein die vermög ihrer angebohrnen Grauſamkeit und Unwiſſenheit der Erbarmnus und Vorſicht GOttes deſto würdiger ſeynd, höchſt ſchädlichen Unordnungen vorzubeugen, haben Se. Päbſtl. Heiligkeit denen Biſchöffen zu Braſilien und andern der Herrſchafft unſers Allerdurchlauchtigſten Monarchens unterworffenen Plätzen, die Bulle und Conſtitutionen ausgefertiget, wie folget.

Venerabilibus Fratribus Antiſtibus Braſiliæ aliarúmque ditionum, cariſſimo in Chriſto filio noſtro Joanni Portugalliæ, & Algarbiorum Regi in Indiis Occidentalibus & Americà ſubjectarum

BENEDICTUS Papa XIV.

Venerabiles Fratres, Salutem & Apoſtolicam Benedictionem.

Immenſa Paſtorum Principis Jeſu Chriſti, qui ut homines vitam abundantius haberent, venit, & ſe ipſum tradidit redemptionem pro multis, charitas urget Nos, ut, quemadmodum ipſius vices planè immerentes gerimus in terris, ita majorem charitatem non habeamus, quam ut animam noſtram non ſolum pro Chriſti fidelibus, ſed pro omnibus etiam omnino hominibus ponere ſatagamus. Etſi autem pro ſuprema Catholicæ Eccleſiæ procuratione infirmitati noſtræ injuncta, Apoſtolicam hanc Sanctam Sedem, ad quam undique gentium in dies concurritur, ut opportunum ac ſalutare emergentibus in Chriſtiana Republica ſive negotiis ſive detrimentis remedium afferatur, hic Romæ more inſtitutóque Majorum tenere ac regere cogimur, nec longinquas diſſitatesque Regiones, ut qualemcunque inibi Apoſtolici miniſterii noſtri pro lucrandis animabus pretioſo Jeſu Chriſti ſanguine redemptis operam impendamus, ac vitam ipſam, quemadmodum cupimus, profundamus, adire non poſſumus; tamen ſicut nolumus omnes Apoſtolicæ Providentiæ auctoritatis benignitatisque partes ab omni Natione, quæ ſub cœlo eſt, deſiderari, ita vos Venerabiles Fratres, quos ad excolendam vineam Dei Sabaoth cooperatores eadem Apoſtolica Sedes ſibi adfcivit, in Pontificiæ follicitudinis vigilantiæque noftræ partem libenter advocamus. Ut & impofito vobis muneri magis magisque fatisfacere & coronam legitimè certantibus in cœlo repofitam facilius confequi valeatis. Porro Fraternitatibus veftris compertum eft, quæ & quanta Romani Pontifices Prædeceffores noftri & Catholici Principes de Chriftiana Religione bene merentiffimi laborum incommoda, ac pecuniarum difpendia alacri conftantique animo paffi fuerint, ut hominibus qui ambulabant in tenebris, & in umbra mortis fedebant, per facros operarios tum facris prædicationibus bonisque exemplis, tum donis, tum operibus, tum fubfidiis lumen orthodoxæ fidei illucefceret, & ad agnitionem veritatis venirent : & quibus etiam nunc muneribus, quibus beneficiis, quibus privilegiis, quibus prærogativis ; quemadmodum femper factum eft, Infideles cumulentur, ut iis illecti Catholicam Religionem amplectantur, in eaque manentes per bona Chriftianæ pietatis opera æternam falutem adipifcantur. Eapropter non finè graviffimo Paterni animi noftri mœrore accepimus, poft tot initia ab iisdem Prædeceffaribus noftris Romanis Pontificibus Apoftolicæ Providentiæ confilia, poft editas conftitutiones opem, fubfidium ac præfidium Infidelibus omni meliori modo præftandum effe ; non injurias, non flagella, non vincula, non fervitutem, non necem inferendam effe fub graviffimis pœnis & Ecclefiafticis cenfuris præfcribentes, adhuc reperiri præfertim in illis Brafiliæ Regionibus homines orthodoxæ fidei cultores, qui veluti charitatis in cordibus noftris per Spiritum fanctum diffufæ fenfibus penitus obliti, miferos Indos non folum fidei luce carentes, verum etiam facro regenerationis lavacro abfolutos in montanis afperrimisque earundem Brafiliæ tam Occidentalium quam Meridionalium aliarúmque Regionum defertis inhabitantes aut in fervitutem redigere, aut veluti mancipia aliis vendere, aut eos bonis privari, eaque inhumanitate cum iisdem agere præfumant, ut ab amplectenda Chrifti fide potiffimúm avertantur. Hisce malis quantum cum Domino poffumus, occurere fatagentes, primum quidem eximiam pietatem, & in Catholica Religione propaganda incredibilem chariffimi in Chrifto Filii noftri Joannis Portugalliæ & Algarbiorum Regis illuftris zelum excitandum curavimus, qui pro filiali fua erga Nos atque hanc Sanctam Sedem obfervantia, ftatim fe omnibus & fingulis fuarum ditionum officialibus &

Mini-

Ministris in mandatis daturum pollicitus est, ut quemcunque suorum subditorum aliter, quam christianæ charitatis mansuetudo exigit, erga Indos hujusmodi se se gerere comperissent, gravissimis juxta Regia edicta pœnis afficerent. Deinde fraternitates vestras rogamus, atque in Domino hortamur, ut nedum debitam ministerii vestri vigilantiam, follicitudinem, operamque vestram hac in re cum Nominis dignitatisque vestræ detrimento deesse patiamini. Quin imo Studia vestro Regiorum Ministrorum officiis conjungentes unicuique probetis, Sacerdotes animarum Pastores, quanto præ laicis Ministris ad Indis hujusmodi opem ferendam, eosque ad catholicam fidem adducendos ardentiori sacerdotalis æstu ferveant. Præterea nos Authoritate Apostolica tenore præsentium Apostolicas in simili forma Brevis litteras à fel. Record. Paulo III. Papæ Prædecessore nostro ad tunc existentem Joannem Sanctæ Romanæ Ecclesiæ Cardinalem de Tavora nuncupatum Archiepiscopum Toletanum die 28 mensis Maji anno 1537. datas a rece mem. Urbano Papæ VIII. itidem Prædecessore nostro tunc existenti, jurium & spoliarum Cameræ & Apostolicæ in Portugalliæ & Algarbiorum Regionis debitorum Collectori generali die 22. Mensis Aprilis anno 639. scriptas renovamus, & confirmamus, nec non eorundem Pauli & Urbani Prædecessorum & vestigiis inhærendo, ac impiorum hominum ausos, qui Indos prædictos, quos omnibus christianæ charitatis & mansuetudinis officiis ad suscipiendam Christi fidem inducere oportet, inhumanitatis actibus ab illa deterrent, reprimere volentes; unicuique Fraternitatum Vestrarum vestrisque pro tempore successoribus comittimus & mandamus, ut unusquisque vestrum, vel per se ipsum, vel per alium, seu alios, editis, a que in publicum propositis affixisque edictis, omnibus Indis tam in Paraguariæ, & Brasiliæ Provinciis ac ad flumen della Plata nuncupatum, quàm in quibusvis aliis regionibus & locis in Indiis occidentalibus, & meridionalibus existentibus ex præmissis efficacis defensionis præsidio assistentes, universis & singulis personis tam secularibus, quam Ecclesiasticis cujuscunque status, sexus, gradus, conditionis & dignitatis etiam speciali nota & mentione dignis existentibus, quam cujusvis Ordinis, Congregationis, Societatis, etiam Jesu, Religionis, & instituti mendicantium & non mendicantium ac Monachalis Regularibus etiam quarumcunque militarum, etiam Hospitalis Sancti Joannis

nis Hierofolymitani fratribus Militibus fub Excommunicationis latæ fententiæ per contra venientes eo ipfo incurrenda pœna, à qua non nifi à Nobis, vel pro tempore exiftente Romano Pontifice, præterquam in mortis articulo conftituti, & fatisfactione prævia abfolvi poffint, diftrictius inhibeant; ne de cætero prædictos Indos in fervitutem redigere, vendere, emere, commutare vel donare, ab uxoribus & filiis fuis feparare, rebus & bonis fuis fpoliare, ad alia loca deducere, & transmittere, aut quomodo libertate privare in fervitute retinere, nec non prædicta agentibus confilium, auxilium, favorem & operam quocunque prætextu, & quæfito colore præftare, aut id licitum prædicare, feu docere, ac alios quomodo libet præmiffis cooperari audeant feu præfumant, contradictores quoslibet & Rebelles, ac unicuique veftrum in præmiffis non parentes in pœnam Excommunicationis hujusmodi incidiffe declarando, ac per alias etiam cenfuras & pœnas Ecclefiafticas, aliaque opportuna juris facti remedia appellatione poftpofita, compefcendo; legitimisque fuper his habendis fervatis proceffibus, cenfuras & pœnas ipfas etiam iteratis vicibus aggravando, invocato etiam ad hoc, fi opus fuerit, auxilio brachii fæcularis. Nos enim unicuique veftrum veftrorumque pro tempore Succefforum defuper plenam, amplam, & liberam facultatem tribuimus & impertimur. Non obftantibus fimilis memoriæ Bonifacii Papæ VIII. etiam Prædeceffori noftri de una ac Concilii generalis de duabus diætatis, ac aliis Apoftolicis & in Conciliis univerfalibus, Provincialibusque, & Synodalibus editis generalibus vel fpecialibus Conftitutionibus & ordinationibus legibus quoque, etjam municipalibus, ac quorumcunque locorum piorum, & non piorum, & generaliter quibusvis etiam juramento, confirmatione Apoftolica, vel quavis firmitate alia roburatio, ftatutis & confuetudinibus, privilegiis quoque indultis & litteris Apoftolicis in contrarium præmifforum quomodolibet conceffis confirmatis & innovatis. Quibus omnibus & fingulis, etiamfi de illis, eorumque totis tenoribus fpecialis fpecifica expreffa & individua, ac de verbo ad verbum non autem per claufulas generales idem importantes mentio, feu quævis alia expreffio habenda, aut aliqua alia exquifita forma ad hoc fervanda foret, tenores hujusmodi, ac fi de verbo ad verbum nihil penitus omiffo, & forma in illis tradita obfervata exprimerentur & infererentur præfentibus pro

plene

plene & sufficienter expressis & insertis habentes, illis aliàs in suo robore permansuris, ad præmissorum effectum hac vice duntaxat specialiter & expressè derogamus, cæterisque contrariis quibuscunque, volumus autem, ut earundem presentium litterarum transsumptis seu exemplis, etiam impressis manu alicujus Notarii publici subscriptis & Sigillo personæ in Ecclesiastica dignitate constitutæ munitis eadem prorsus fides in judicio & extra adhibeatur, quæ ipsis præsentibus adhiberetur, si forent exhibitæ vel ostensæ. Cæterum venerabiles fratres custodientes vos vigilias super grege unicuique vestrum credito ministerium vestrum satagile atque enitimini ea, qua obstricti estis diligentia, sedulitate & charitate adimplere, assiduo in animis vestris recolentes rationem, quam & vos Pastorum Principi Jesu Christo æterno Judici de ovibus suis redditurị eritis, & quam ille exactissimè à vobis exacturus erit. Ita enim fore confidimus, ut unusquisque vestrum omnem operam atque conatum adhibeat ne debitum in hoc tam eximiæ charitatis opere officium desideretur. Interea ad prosperi eventus successum Apostolicam benedictionem cum uberrima cœlestium charismatum copia conjunctam, vobis venerabiles fratres, per amanter impertimur. Datum Romæ apud sanctam Mariam Majorem sub annulo Piscatoris die 20. Decembris 1741. Pontificatus Nostri anno secundo.

          D. Cardinalis Passioneus.

Romæ 1742. ex Typographia Reverendæ Cameræ Apostolicæ.
Ulysponæ 1755. juxta exemplar Romæ impressum.

Und damit diese Bulla oder Verordnung von allen und jeden nach Schuldigkeit vollkömentlich beobachtet, und respectiret werde; Als verordnen und befehlen wir, daß solche öffentlich verkündet, und nach der Publicirung an den Thoren unserer Haupt-Kirchen, und andern gewöhnlichen Orten angehefftet werde. Wir verbleiben auch zu gleich allen und jeden, wes Stands und Würde sie immer seyen, bey Straff der uns vorbehaltenen Excommunication, gedachte Bullam oder Constitution von bemeldten Orten herab zu nehmen, und zu zerreissen ꝛc. Gegeben in der Stadt Belem zu Groß-Para unter unserm gewöhnlichen Zeichen und Wappen-Sigill aus der Cantzley den 23. May 1757.

(L.S.)   Fr. M. Bischoff zu Para.
     geschrieben Emanuel Freira Leonardo
      Secretarius von Sr. Excellenz.

Ich der König!

Mache hiemit allen denen, so dieses Decret lesen, Krafft des Gesätzes kund und zu wissen, wie daß nach dem ich denen Indianern zu Groß-Para und Maranhaon die Freyheit ihrer Personen, Güter und Handelschafft, respectu eines unter dem hierunter gesetzten Dato heraus gegebenen Gesätzes wieder zu gestellet; Dieses Gesätz aber weder zum gebührenden Endzweck gelangte, vielweniger die Indianer ihre vollkommene Freyheit, darvon hauptsächlich die geistlich- und weltliche Güter dependiren, und worauf die End-Ursache bemeldten Gesätzes zielete, genießen würden, wenn man nicht zu gleicher Zeit eine weltliche Regierungs-Maxime obbemeldte Indianer zu regieren einsetzete, welche nach ihren Gebräuchen unveränderlich, so viel es der Wohlstand zu lieffe, müßte eingerichtet werden. Sintemalen die Indianer auf solche Art vielleichter werden zu bereden seyn, daß sie unsern Glauben annehmen, und sich in den Schooß unserer Kirchen begeben.

Nachdeme wir nun das obangeführte erweget, und das jus Canonicum allen Ecclesiasticis, als Dienern GOttes und seiner Kirchen in die weltliche Regierung sich einzumischen verbiethet, massen ein solches denen Obliegenheiten des Priesterthums gantz und gar nicht zustehet, als wird hiermit denen Pfarrern der Mißionen aller Ordens-Geistlichen solches desto schärfferer und ernstlicher verbotten, unter welchen auch die Jesuiten dergestalten begriffen, daß ihnen vermög ihres strengen Gelübds die geistliche Jurisdiction in denen offentlich-weltlichen Gerichts-Stuben niemalen zu üben solle gestattet werden, noch weniger aber denen Capucinern, denen ihre Demuth durch Verwaltung derer Juridischen und Criminallischen Proceß-Sachen unerträglich gemacht, auch der GOttes Dienst dardurch Mangel leyden würde, wann die in denen Sacris Canonis und Apostolischen Verordnungen, (die ich in meinen Staaten aufrecht zuhalten, schützen will, um den Gehorsam und Ehrerbietigkeit,) so jeder Unterthan seinem König und Herrn schuldig, zu unterstützen, ausdrücklich enthaltene Verbot ihre Würckung nicht mehr hätten.

Nachdeme ich also alles Obangeregtes betrachtet, und gefunden habe, daß eine solche Provinz die Glückseeligkeit zwischen einer so seltsamen, und nie erhörten Verwirrung so vieler unterschiedlichen so wohl geist- als weltlichen Gerichtsbarkeiten weder bißher gewesen, noch viel weniger künftig jemahls wird genüßen können; indeme aus allem diesem der Mangel der Gerichts-Verwaltung, ohne welcher kein Volck bestehen kan, entspringet, so hat es mir gefal-

gefallen, nach dem ich zuvor einige Meynungen meiner Räthe, und anderer gelehrten Ministern, die ihrem Eyfer im Gottesdienst und meinen Geschäften bezeiget, das erste Capitel von der Verwaltungs- oder vielmehr Regierungs-Form, über jene Provinzen d. d. 21ten Decembris 1686. und alle andere Capiteln, Gesäze, Entschliessungen, und Ordnungen, von was Gattung sie immer seyn, welche obangezogene Canonische, und Apostolische Constitutionen entweder directè oder indirectè, so wir in diesem Decret angeordnet, denen Missionariis erlauben solten, sich in die weltliche Regierung einzumischen, abzuändern und abzuschaffen.

Diesem nach aboliren und erkennen wir vor null und nichtig besagte Gesäze, Entschliessungen und Ordnungen, eben so, als ob sie alle insgesamt hier specificiret wären, ohneracht der in dem 2ten Buch 44ten Titulblat entgegen gesetzten Verordnung, damit aber das Gesäz seine gäntzliche Folgeleistung habe, als erneuern wir hiermit die hierunter nachfolgende den 12ten Septembris 1663 eingeführte Gesätzordnung, welche lautet wie folget.

Ich der König!

Mache hiermit allen und jeden, die diese meine Entschliessung in Forma des Gesätzes sehen werden, kund und zu wissen, was gestalten zwischen denen Einwohnern Maranhaons, und denen Ordens-Geistlichen von der Gesellschafft JEsu über die Art und Weiße, mit der sie die Indianer von jener Provinz bey der Verordnung der von uns Anno 1655. ihnen überschickten Provision beherrschet, viele Zweiffel erreget worden, aus welchen nachhero Meutereyen und schon geschehene Uebertrettungen, die von den vielfältig erlittenen Quaalen herrühreten, erfolget, und dessen Ursach keine andere ware, als dieweilen man dem Anno 1653. offentlich bekannt gemachten Gesäz nicht nachlebete. Dannenhero es auch geschahe, daß besagte Ordens-Geistliche von ihren Kirchen und Mißionen vertrieben worden, da es aber höchst billig und nutzlich, daß sie zu dem Kirchen- und Mißions-Dienst auf daß neue zugelassen werden, in Erwegung daß keine Zwangursachen sie von diesen zu entfernen, wohl aber viele Beweggursachen vorhanden, daß ihr heiliger Eyffer alda nothwendig seye, solchergestalten nun ist mein ernstlicher Wille, und Verlangen, dergleichen wiederwärtige Zufälle zu verhindern, und damit meine Unterthanen und Vasallen allen Frieden und Ruhe, wie es die Schuldigkeit erfordert genüssen mögen; habe ich vor gut befunden, daß so wohl die Patres Jesuiten, als auch

auch alle andere von was Orden sie immer seyn mögen, keine einzige weltliche Gerichtsbarkeit über die Indianische Regierung haben, sondern das Spirituale wie andere Religiosen, welche in jener Provinz stehen, und ihren Sitz haben, verrichten sollen, massen es eine sehr gerechte Sach ist, daß jeder in des Herrn Weingarten arbeitet. Die gewöhnliche Prälaten können eben sowol wie die andere von denen Religiosen, diejenige Religiosen erwählen, welche ihnen am tauglichsten und fähigsten zu sein scheinen, um ihnen die Pfarren und Seelsorgen-Amt aufzubürden, jedoch können selbe jedesmal nach gestalt der Sachen darvon abgesetzet werden. Kein einziger Orden hat die Fug noch Macht, weder ein Schloß noch Dorf in Indien unter dem Titel der Administration zu besitzen, sintemalen selbe in dem weltlichen von ihren respective Fürsten eines jeden Lands können regieret werden, und so jemalen dergleichen von diesen Indianern verursachte Uneinigkeiten seyn sollen, können sie bey Regenten, Ministern und Richtern dieser Provinz, so wie meine andere Vasallen ihre Zuflucht nehmen. Welche Ordnung so dann wiederum zu erneuern und zu ihrer vollkommenen Erfüllung und Folgeleistung zu bringen, mir also zwar gefallen, daß ich hierdurch angeordnet und befohlen haben will, die von ihrem Geschlecht herstammende Indianer in denen Städten zu Richtern, Ministern, und andern Gerichtsdiensten, im Fall sie darzu geschickt befunden werden, vor andern zu erwählen und vorzuziehen; damit aber auch die von besagten Städten unabhängige Oerter von ihren Fürsten desto leichter können regieret werden, als sollen diese, Land-Vögt, Hauptleute, Fähnderichs, und Gewalttragere von ihren Nationen halten, und um selbe zu regieren, bestellen, auf daß sie, wenn die Partheyen sich beschweret finden, bey eben denselbigen Regenten und Gerichts-Beamten ihre Klag beybringen, und jene zu folg meines Gesätzes und in jener Provinz heraus gegebenen Verordnungen administriren könnten. Wiederhole demnach und befehle hiermit ernstlich allen Generals, Capitains, Regenten, Beamten, Kriegs-und Cammerbedienten zu Groß-Para und Maranhaon, wes Standes und Würde sie immer seyn mögen, in generale & particulare, dieses in der Gerichts-Cammer dieser Provinz registrirtes Gesätz in allem getreulich zu erfüllen, und nach zu kommen, krafft welchem ich alle andere Gesätze, Decreta, und Ordnungen, so diesem gegenwärtigen entgegen, vor null und nichtig erkenne, halte und abschaffe, mit meinem ernstlichen hiermit beyfügenden Willen, daß diese Verordnung allein gelten, und die Macht und Gewalt laut seines Inhalts (ohngeacht selbes nicht aus der Canzley, auch denen Verordnungen des 2ten Buchs am 39. 40. 44.

Blat

Blat und andern Decreten zuwider) haben solle. Lißabon den 7ten Junii 1755.

Der König

Sebaſtian Joſeph Carvallo e Mello.

Geſätzmäßiges Decret, krafft welchem Se. Majeſtät vor gut befunden, die vollkommene und unverletzliche Beobachtung des Geſätzes vom 12ten September 1653. zu erneuren, alſo zwar, daß die Indianer zu Groß-Para und Maranhaon von denen Gouverneurs, Miniſtern, Fürſten und weltlichen Richtern beherrſchet würden, jedoch mit dem Verbot der Verwaltung des Geiſtlichen, durch Abſchaffung aller Geſätze, Decreten, Ordnungen und entgegen geſetzten Verordnungen.

Regiſtrirt in der auswärtigen Staats- und Kriegs-Sachen geheimen Cantzley, in dem 1ten Buch der Compagnie zu Groß-Para und Maranhaon.
Gedruckt in der Michael Rodriguiſchen Buchdruckerey Sr. Excellenz Herrn Cardinals und Patriarchen Buchdrucker, 1755.

Don Giuſeppe von GOttes Gnaden, König zu Portugall und Algarbien, jenſeits und dieſſeits des Meers in Africa, Herr zu Guinea und der eroberten Landen und Seeplätzen in Ethiopien, Arabien, Perſien, und Indien ꝛc.

Mache hiermit allen denen, ſo dieſes Geſätz leſen, kund und zu wiſſen, wie daß nachdeme ich einigen von meinen Räthen, und andern gelehrten Miniſtern, von deren Eyffer ſo wohl vor den GOttesdienſt, als auch vor meiner Unterthanen Beſtes überzeuget bin, anbefohlen, der Haupturſach nachzuforſchen, warum ſeit der Entdeckung Groß-Para und Maranhaon die Indianer von dieſer Provinz, ohngeacht der von ihnen ſich entfernten Grauſamkeit und Abgötterey, wie auch ihnen vorgetragenen Chriſtlichen Lehr, und vorgeſtellten mit dem Licht des Heiligen Evangelii bereits vielen erleuchteten getreuen, nicht nur allein nicht zugenommen, noch weniger höfflicher gemacht worden, ſondern vielmehr bey allen Indianern, die aus denen Wüſteneyen in diese Länder sich niederzulassen gekommen, anstatt daß sie sich, darinn ausbreiteten, und die Glückseeligkeiten genüsseten, wodurch sie durch ihre Gemächlichkeit und guten Wohlstand denen, so annoch in denen Wäldern und Gebüschen zerstreuet, einigen Lust die bevölckerte Oerter zu suchen macheten, und in Betrachtung des zeitlichen Glückes, die ewige Glückseeligkeit in dem Schooß der Heiligen Catholischen Kirche finden möchten, das Gegentheil zu verspühren wäre.

Nun hat man den Erfolg dessen gantz widrig vernehmen müssen, indeme allda viele Millionen Indianer zu Grund gegangen, auch gantze Geschlechter ausgeloschen, und die Anzahl derer Völcker und Einwohner dieses Lands ziemlich verringert worden, in Betrachtung, daß dieses Volck ohne dieß in grossem Elend lebet, und anstatt die andere unwissenden Indianer anzusporen, und einen Muth zu machen, daß sie ihnen nachfolgeten, geben sie ihnen um so vielmehr durch die Aergernus Anlas, sich mit dem bedaurenswürdigsten Schaden, sowohl ihres Seelen-Heils, als auch des Lands, weit tieffer in ihre Wildnussen zu verbergen, da doch das Land ihrer Einwohner zu Pflügung des Erdreichs, und Einsammlung derer vielen überflüßigsten, und kostbaresten Früchten benöthiget ist. Dannenhero wurde einstimmig beschlossen, daß an diesem so schädlichen Zufall nichts anders schuld wäre, als daß besagte Indianer bey derjenigen Freyheit, welche ihnen von denen Päpsten, und unsern Allerdurchlauchtigsten Vorfahreren in einem de Anno 1570. 1587. 1595. 1609. 1611. 1647. und 1655. öffentlich bekannt gemachten Gesätzes verheissen und zuerkannt worden, nicht mehr geschützet würden.

Da nun jederzeit über die Verordnungen solches Gesätzes viele betrügliche Griffe um der allgemeinen Nutzbegierde willen, in so lang bis sie in Ansehung derselbigen mit der Hoffnung desjenigen, was daraus erfolget, die klare Erkanntnus hatten, verübet worden, als hat der König mein Anherr den 1ten April 1680. um so vielen schädlichen Betrug einsmal zu vermelden ein Gesätz folgenden Inhalts eingeführet.

Ge-

Gesätze vom 1ten April 1680.

Don Pietro Prinz aus Portugal, Beherrscher und Folger selben Reichs ꝛc.

Hiemit und Krafft gegenwärtigen Gesätzes seye jedermann kund und zu wissen, was gestallten, nachdeme mein Herr und Vater glorwürdigsten Angedenckens nach vorläufig erhaltenen Bericht sich die Indianer frefentlich erkühnen dörffen, die Einwohner des Maranhaonischen Gebiets aus Ihrem sichern Besitz auf höchst ungerechte Art in eine abscheuliche Dienstbarkeit hinzureissen, als haben Höchstdieselbe allen andern bevorstehenden vermuthlichen Unanständigkeiten, dem würcklich hieraus entstandenen Schaden, und Uebertrettungen sowohl unsers als Göttlichen Gesätzes durch diesen allgemeinen ernstgemessenen Befehl, so in dieser Stadt Lissabon den 9ten April 1665. geschlossen worden, vorsichtigst vorzubiegen, fest gestellet.

Nämlich es seyen die aus vorerwehnt untüchtigen Ursachen beschehene Hinreissungen in die Dienstbarkeit ausser den für jetzt berührenden ausgenommenen Fällen nachdrucksamst verbotten; die vier Gelegenheiten aber, welche als erlaubt, billig und rechtmäsig sollen erkennet werden, und wo die sogenannte Sclaverey und Leibeigenschafften mit Fug können ausgeübet werden, seynd folgende: Erstens müssen sie in einem gerechten, von den Portuglessen angekündigten Kriege, mit den nämlichen Umständen, wie solche in offt berührten Gesätzen angeleget, und gefangen worden sind. Anderns, so sie die Verkündigung des Heiligen Evangelii frefentlich verhindern wollen. Drittens, die gewaltthätig gefangene und gebundene Menschen, in Willens solche zu fressen, dahin reissen; und viertens, wenn sie von andern Indianern, durch gerechte Waffen wären besieget und angefangen worden. Wie aber und ob dergleichen Kriege gerecht seynd, läßt sich aus den in offt berührten Gesätzen umständlich enthaltenen Schlüssen gantz unschwer vernehmen. Dieweilen wir aber mit Unwillen haben erfahren müssen, daß weder berührte Verordnung, noch andere vorläufige, als in denen Jahren 1570. 1587. 1595. 1652. und 1653. gesätzmäßig geschehene Veranstaltungen unser Vorhaben erzielen, ja vielmehr mit Zorn und Eyffer das Gegentheil erfahren müssen, ohnangesehen Höchstgedachter König, mein Herr Vater, mit andern Königen und Vorfahreren des Reichs, sich jederzeit eiffrigst bestrebet, den mehr und mehr sich eindringenden Unanständigkeiten, und täglich sich mehrenden übeln Gewohnheiten, wie auch öffentlichen Lastern möglichst

zu

zu steuren, so wäre uns doch mit ansehnmender Unlust zu vermercken, daß bey so frechen Uebertrettungen unserer fürsichtigst gemachten Verordnung, mit allgemeiner Aergernuß nicht nur allein unser Ansehen, sondern auch selbst die Ehre unsers GOttes unersetzlichen Nachtheil und Schaden leiden dörffte. Gleichwie also nicht allein wir, sondern unsere Vorfahrer jederzeit vor allen andern Dingen dahin eifrigst beflissen waren, die Ruhe unserer Regierung durch Herstellung und Beförderung des wahren Gottesdiensts zu erhalten, welches die erste Sorge und sonderbahrer Gegenwurff unsers Thuns seyn solle. Gesetzt aber, daß dergleichen Dienstbarkeiten, sonderbahr vermög Ausnahm der 1655. gemachten Verordnung billig und gerecht muß geachtet werden, so seynd doch die dagegen gesetzte Beweißthümer viel zu starck und kräfftig, als daß sie so leicht könnten entkräfftet werden, also zwar, daß wir viele Ursachen haben, auch oberwehnte 4. Fälle vermög der hieraus zu befürchtenden Gefahren, schädlichen Vorwendungen, und andern bedrohlichen Uebeln vollends abzustellen.

Wir betrachten es auch als eine Gewissens-Sache, ihnen dasselbe kostbare Wesen, will sagen die Freyheit, die ihnen doch von GOtt und der Natur als das theuerste Stück gegeben worden, mit noch nicht sattsam befugter Art zu rauben, und auf solche Art werden unschuldige Leut wider natürlich, göttlich, und menschliches Gesätz recht ihrer Güter beraubet. Um nun diesen und dergleichen sich eindringenden üblen Mißbräuchen fördersamst vorzukommen, selbe zu hemmen, und gäntzlich abzuthun, den Gottesdienst hingegen und andern Nothwendigkeiten Platz und Raum eiffrigst zu verschaffen, damit das Volck mit dem Licht des wahren Glaubens erleuchtet werde; Als haben wir nach reiffer und zur Wichtigkeit dieser Sache benöthigter wohlbedachter Ueberlegung vor gut befunden, gemäß der den 30ten Julii 1609. gemachten Verordnung, wie auch krafft des am 5ten Julii 1605. beschlossenen Gesätzes, als welche Verordnungen durch gantz Brasilien sorgfältig kund und zu wissen gemacht worden sind: mit und in krafft also jetzt benannter Verordnungen gebieten wir, daß kein Indianer obberührten Geblets durch was immer einen Vorwand, Mittel und Weiß, auch nicht einmal bey den 4. oberwehnten Fällen, und Gelegenheiten, (es wären dann diese oder andere Arten von uns öffentlich benennet, erlaubet und ausdrücklich als billig gemeldet worden,) könne in die so widerrechtliche Sclaverey hingerissen werden; und sollte sich jemand erkühnen, wes Stands und Namens er immer seye, wider diesen unsern ernstgemessenen Befehl etwas zu unternehmen, oder einen Indianer mit was immer Vorwand, Mittel, oder Art

auf

auf jetzt verbottene Weise in Leibeigenschafft hinweg zu führen, den soll der General-Auditeur desselben Gebiets ohnverzüglich mit Arrest belegen, und festsetzen lassen. Der General-Auditeur soll auch in diesem Fall keinerley Caution oder Versicherung von ihme Arrestanten annehmen, sondern den Schuldigen in so lange sicher verwahren, bis er Gelegenheit haben wird, den Schuldigen samt dem über ihn abgefaßten Proceß einem Hauptmann, oder mit nächsten Schiffen ankommenden Commandanten sicher zu übergeben, auf daß er (Verbrecher) in dieser Stadt in öffentlichem Kercker geworffen werde, um Unserer Gerechtigkeit, seines Verbrechens wegen, schuldigste Genugthuung zu geben.

Besagter General-Auditeur hingegen solle diese Gefangene also gleich in ihre ehmalige Stellen, und dahin, wo andere freye Catholische Indianer ihren Aufenthalt in Sicherheit haben, abschicken. Um aber desto versicherter zu seyn, ob diesem unserm Willen und Befehl durchaus schuldigste Folge geleistet worden, so wollen wir hi rüber von unsern Bischöffen, Landrichtern, Pflegeren, Verwalteren, so wohl Geistlich-als weltlichen Obrigkeiten, mittelst des jenseits des Meers seyenden Rath und versammleten Gesandten gebührend berichtet werden, wie nicht minder verständiget seyn, was etwann noch ferner diesen unsern Verordnungen nützlich angefüget, oder auch geändert werden solle : folgsam müssen künftighin die gefangene Indianer in offensiv-und Deffensiv-Kriegen, die sich in jenen Gegenden, wo unsere Wille herrschet, äussern sollen, nicht anderst als eben auf solche Art, wie unsere Europäische Kriegs-Gefangene, das ist auf Christlich-und leidentliche Weise angesehen und gehalten werden. Die Obsorge aber, wie die Gefangene zum fürträglichsten mögen ausgetheilet werden, seye dem Landvogt anvertrauet; jedoch solle der Land-Richter dahin beeyfert seyn, die Gefangene fürnehmlich in jene Gegenden abzuordnen, wo frey Catholische Indianer sich befinden, einfolglich auch ein schöner Anlaß sich erbietet, diese Menschen aus der Finsternus ihres Irrthums zu führen, und des Glantzes der Evangelischen und wahren Lehre theilhafftig zu machen, wo sie also in diesem Gebiete in ungestörter Freyheit dienen können, also zwar, daß sie, wie oft ermahnet worden, bey Bevorstehung grosser und unaussprechlicher Straffen, dererjenigen, welche diese Neubekehrte im mindesten in ihrer Freyheit stöhren, oder auf was immer vor eine Weise beleidigen würden, wohl und gut sollen gehalten werden. Noch strenger aber wird man wider diese verfahren, welche zur Zeit, da ihnen diese Gefangene bis zu weiterer Verordnung gemachten Vertheilung mit Unrecht verfahren seynd. Gelanget demnach an alle Beamte, Richtere, und

Cam-

Cammern, wie auch an alle andere, weßen Namen, Standes, und Würden sie auch seyn sollen, unser wiederholter Befehl, die genaueste Sorge zu tragen, daß unsere jetzt gemachte Verordnungen ihre schuldige Würckungen im gantzen Maranhaoner Gebiethe erwünscht nach sich ziehen.

Wo im übrigen erwehntes neu geschlossenes Gesätz in den Cammern der Maranhaonischen Landschafft sorgfältigst eingetragen und registrirt werden solle; gleichwie nun dieses mein letzter und fürwährender Wille ist, so sollen auch alle vorhergehende gemachte Schlüsse, die etwas unsern letztern Befehlen zuwiederlauffendes in sich enthalten solten, eitel, unkräfftig und ohne alle Würkung seyn, gleichsam als wäre dieses unsere alleinige Verordnung. d. d. April 1680.

König oder Prinz.

Und weilen uns die Zeiten selbst von Tag zu Tage klar, und mit hellem Erkäntnüsse den Nutzen und Billigkeit unseres Gesetzes unläugbar dargethan, wie nämlich nicht allein die Indianer in ungestörter Freyheit ruhen werden, sondern auch wie hierdurch allem boßhafften Vorwande, als vormal die Leibeigenschafften gebilliget waren, fürsichtigst vorgekommen seye; als sollen auch alle Schlüsse, Befehle, und Verordnungen, vermög deren jemals etwas wieder unseren letzten Willen wäre zugestanden worden, also gleich sonder Anstand wiederruffen und eingestellet seyn, durchaus aber & per omnia wollen wir, daß diese unsere letztere Verordnung also von jedermann befolget werde, wie solche ist, und in ihrem eigenthümlichen Sinn, und Verstande muß ausgeleget werden, ohnangesehen aller Widersprechung des 2ten Buchs Titel, am 44ten Blat.

Zu dem Ende seynd von uns selbsten die natürliche Erklärungen, Einsprechung und Erweiterungen unsers Gesätzes, so viel es Zeit und Sach erforderte, an- und beygefüget worden.

Um nun die Mühseligkeiten, die aus sothanen Leibeigenschafften nothwendig entspringen, förderlamst abzuleinen, ja dieses Ungemach recht aus der Wurzel zu heben, verordnen wir ferner, daß man in Anbetracht derjenigen Leibeigenen, die währender Verkündung unsers letzthin verfaßten Gesätzes in die Sclaverey seynd überantwortet worden, durchgehends sich zu richten hat, nach dem Decret, so geschehen den 1ten November 1647. welches lautet, wie folgt.

Ge-

Gesätz, so gegeben den 10ten Nov. 1647.

Wir König thun, deme gegenwärtiges unser Gesätz zu vernehmen kommet, kund und zu wißen, daß, nachdeme wir in Beherzigung des unersetzlichen Schaden und Nachtheils, der nicht nur allein uns und der Zunehmung unserer Monarchischen Landschaften zustoßt, sondern wohl gar auch in dem schuldigsten Gottesdienst sich äußerte, durch den höchstschädlichen Mißbrauch, der sich unter den Portugiesen in übler Verwaltung der ihrer Obhut anvertrauten gefangenen Indianer äussert, weil diese entweder von übermäßiger Arbeit, oder grausamen Hungersnoth elendig umkommen: welches auch zu diesem Unfuge Anlaß gegeben, daß aus diesen Bewegursachen zerstreute Sclaven sich zu Maranhaon, Para und anderen Brasilischen Gegenden häuffig sehen laßen: gleichwie aber vorhin schon die Durchlauchtigsten Könige dieses Reichs, sonderbar aber mehrere Heilige Päbste hauptsächlich beeiferet waren, so sollen zur Beförderung und Aufnahm des Christenthums, dergleichen Verwaltereyen nimmermehr befugt seyn, denen Gefangenen, oder auf was immer vor eine Art zu Sclaven gemachten Indianern, gewiße und zwingende Dienste aufzudringen, dagegen sollen sie hinführo frey, wem und wie sie wollen dienen, womit wir also wollen, daß sie eben auf solche Weise, wie alle andere freye Menschen, die ihre Arbeit um gewissen Lohn verdingen, dienen sollen.

Mithin seye gebotten allen Verwaltern, Richtern und Hauptleuten des Maranhaonischen Reichs, wie nicht minder allen Cammer-Officiern desselben Gebiets, und endlich allen insgesamt und sonderheitlich diesen unsern so gestellten Willen in allen Gegenden und Städten nicht allein jedermänniglich wissend und kund zu machen, sondern sollen auch sorgfältigst sich bemühen, solchen auf möglichste Art gehorsamst zu erfüllen, und zwar so, daß man sich nicht erfrechen soll, etwa mit Vorwand einer Zweydeutigkeit diese unsere ernstliche Verordnung zu übertretten, was sich auch immer in dem Gesätz vom 2ten Buch 40. Titul widriges äußeren könnte.

Diese Verordnung hat öffentlich in Lißabon vermeldet Emanuel Autunes den 10ten Nov. 1647. wornach sie ferner durch zwey Weege ad promulgandum, um allen kund zu machen, ist abgefertiget worden.

Ich der König!

Demnach wir mittelst der in der Stadt Belem in Groß-Para, wie nicht minder an der Kirchen des Heil. Aloysius zu Maranhaon angehefft, und verkündigten Gesätzen fürsichtigst beschlossen, daß nämlich die Indianer durchaus frey ohne Zwang und Dienstbarkeit leben, sohin mit sich und ihren Gütern wie andere ungezwungene Personen gantz nach Willen und eigenen Gefallen sollen walten und disponiren können, auch von keinerley Gewalt abhangen sollen, ausgenommen von jenem, der ihnen von unsern Verordnungen, denen sie sich freywillig unterworffen, zur Beherzigung christlicher Einigkeit und politischen Ruhe billigst angethan wird; dann eben dahin wir hauptsächlichen bemühet leben, daß wir die von GOtt uns anvertraute Seelen, die uns durch die unerforschliche Weißheit unseres GOttes unterwürffig gemacht worden, nicht nur allein wohl regieren wollen, sondern wir wollen auch, daß offt ernannte Indianer mit allen übrigen Vasallen, Ansehen, Ehren, Privilegien und Freyheiten nach Recht und Maaß ohne alle Hindernisse genüssen sollen.

Jetz erwehnter Privilegien seynd auch fähig und theilhafftig die pro nunc sich in Dienstbarkeit befindliche Indianer, jedoch also, daß hiebey der 9te §. der den 10ten Sept. 1611. von uns aufgesetzten Verordnung, wohl mus in Betracht gezogen werden. Dessen Innhalt folgender ist.

Nachdemer wir wider Willen verstehen müssen, daß während übler Verwaltung einige Vorsteher dieser Landschafft ohne alle Befügnus, und ohnerwogen der sowohl von meinem Königl. Herrn und Vater gemachten Gesätzen, als auch von Weyland dem Durchlauchtigen König Don Sebastian unserm Vettern vorgesetzten Edicten viele Völcker, sonderlich in den Jaguaribischen Gegenden widerrechtlich in die Sclaverey wären hingerissen worden, als verordnen und gebieten wir abermalen, daß so wohl gedachte Völcker, als andere die vor und währender Verkündigung dieses unseres ausdrücklichen Willens unter was immer Schein und Vorwande, sind zu Leibeigenen gemacht worden, also gleich und ohne Verweilung frey sollen entlassen seyn, dem Widersetzenden aber mit Gewalt abgedrungen werden, also zwar, daß die Besitzere weder Recht noch Action sollen vorzuwenden haben, und damit die Freyheitstellung oder freye Entlassung ohne Anstand ihre Würckung erreiche, solle alles Appellations-Recht hierinnen keinen Platz finden, so gar auch solle hierin kein Kauff, Verkauff, oder Possessions-Titul, ja der von dem Richter zugesprochenen Besitz und Eigenthum kein Recht geben, immassen derley Contract, Conventiones, und Judicata oder judicum sententiæ krafft unsrer widrigen Verordnung eitel

tel und nichtig gemacht sind, doch dergestalt, daß die Käuffer wider den Verkäuffer den gebührenden Regreß und Schadloshaltung zu fordern habe. Und weilen also von diesen Leuten nothwendig neue Länder aufgericht werden, so ist auch unumgänglich nothwendig, daß überall diese Regierungsformul mit unsern Gesätzen beobachtet werde, in diesem Geschlecht aber sind nicht mit einbegriffen, diejenige Sclaven, so von denen Ethiopischen Sclavinnen gebohren werden, maßen diese noch in Eigenthume desselben Herrn, unter Dero Dienstbarkeit sie ehemals waren, biß auf weitere Verwartung müssen beschützt und behalten werden.

Und damit nicht etwa unter dem Vorwande der bemeldten von Ethiopischen Sclavinnen gebohrnen Indianern, auch frey gebohrne oder gelassene in der Sclaverey widerrechtlich auf- und angehalten werden, also verordnen wir, um auch diesem Unfuge abzuhelffen, daß unsere Gesätze, betreffend die von den Sclavinnen Gebohrne, dazumal Statt und Würckung haben sollen, wenn sie communiter, oder von andern gemeiniglich für solche angesehen und erkennet werden. Die andere müssen alle von allen, gemäß unserer Verordnung, ungekränkt in ihrer Freyheit gelassen werden, als vor welche sowol göttlich, natürlich, als menschliches Recht redet, wann wie oben gemeldet, sie nicht in der That Sclaven wären, weil sie also gebohren worden, doch also, daß die Freyheit allezeit präsumiret, und die Prob der Leibeigenschaft unaufstößig müßte dargethan werden, und zwar von deme, der wider die Freyheit streitet, ob er gleich der Beklagte wäre.

Dieses nun wird man in denen vorfallenden Gerichtssachen mit Kurzem, ohne die sonst gewöhnliche Solennitäten zu beobachten, und de plano der bewußten Wahrheit gemäß, in einer einzigen Instanz beurtheilen müssen. Zu dieser Instanz werden die Acten von denen General-Zuhören in ihrem beyderseitigen Gebiet verfertiget, und nachmals in der Congregation vorgetragen werden, welcher der Bischoff selbst oder ein von ihme zu diesem Ende statt seiner verordneter Minister beywohnen wird, nebst diesem werden auch der Regent, die 4. Oberherren der Gesellschaft Jesu, unserer lieben Frauen vom Scapulier, deren Capuzinern von der Provinz des heiligen Antonii, unserer lieben Frauen von der Erlösung sonst von der Belohnung genannt, vorgesetzt seyn. Obbemeldter Generalzuhörer, der Gerichtshaber und der Anwald derer Indianer, mit der mehreren Zahl der Stimmen wird die Sach wider die Freyheit gewonnen seyn, und wird vor selbe genug seyn, wann die Stimmen gleich sind; dieses aber wird keineswegs geschehen können, ohnedem daß besagte, welche einige Stimmen haben,

ben, oder andere welche ihre Stelle vertretten, gegenwärtig seyn. Indem, wenn sie sich nur nicht entschuldigen, ein jeder zur obbemeldten Sache durch einen Zettul schrifftlich ermahnet wird, dann wenn sich einer oder einige von ihnen, weilen sie verhindert wären, sich entschuldigen, wird die Sache in Actis geleget, und jederzeit, wann nur allezeit drey Stimmen die Entscheidung zu gewinnen überein kommen, geleget werden.

Von denen auf eben diese Art, wie oben gesagt worden, ausgesprochenen Urtheilen wird weder eine aufschiebende Appellirung, wodurch man die Vollziehung der Sache aufhalten müßte, noch eine andere Zuflucht, welche nicht in devolutivo seyn, zugelassen werden, daß sie aber doch vor dem Richterstuhl des so genannten Gewissens und deren Orden unternommen werde, allwo diese Sache auf obbemeldte Art vor allen andern, was sie immer seyn möchten, wie es sich dem göttlichen und meinem Dienst geziemet, in einer so bedenklichen und schweren Sache, mit welcher die geistliche sowol, als zeitliche Güter jenes Staats begriffen seynd, entschieden werden.

Und damit die Einwohner dieses Orts jemand finden können, welcher für sie arbeiten, und das Land bauen wolle, ohne daß sie fremde Arbeiter und Baursmänner kommen zu lassen gedenken, und damit sich die gebohrne Indianer, welche im Land seynd, mit Arbeiten und Dienen wechselweisse einander helffend, erhalten können, in welchem eben die Aufrichtung, Vermehrung, und die Glückseligkeit aller Völker, so nach der Policey und Burgerrecht leben, bestehet, allwo jederzeit die Zahl derer Taglöhnern nach dem Maaß deren Landarbeiten, welche allorten gemacht werden, zuzunehmen pfleget. Dessentwegen finde ich vor gut, daß, nachdem dieses in der Stadt Belem des Großpara kund gemacht seyn wird, der Minister der Stadt S. Luigi Gouverneur und Generalcapitain desselben Lands (oder aber in Abwesenheit desselben) der, welcher dessen Stelle vertretten wird, wie auch der Maranhaon mit Gutheissung beyder Canzleyen, obbesagten Indianern zur Nothdurft der Nahrung und Kleidung jenen gewöhnlichen Liedlohn ihren Professionen und Handwerkern gemäß setzen und bestimmen sollen, massen man sich nach dem gewöhnlichen Gebrauch dieser, und nach dem Gebrauch fast aller andern Länder in Europa, wie auch auf jene Art und Weise, so die gemeine Preise derselben Landschaft gestatten, und zulassen werden, richten solle, zu welchem Ziel und End folgende Exempel zu einer Regul dienen werden.

Als zum ersten: gesezt, es würden einem Tagwercker zu Lissabon zur Unterhaltung zwey Gulden taxieret, also sollen dem Handwercker 4. Gulden aus-

ausgeworffen werden, nach diesem Beyspiel aber denen zur Arbeit dienenden Indianern zur täglichen Unterhaltung noch einmal so viel, als was er täglich zu seiner Unterhaltung nöthig hat, ausgeworffen werden.

Anderns, wann ein Tagwercker zu Lissabon 6. Gulden täglich verdienete, und der Handwercks-Mann deren nur 4. so wird man alsdann zufolge dieser Regel den Handwercks-Männern besagten Landes die Helffte mehr, als den sonst nach Lands-Gebrauch gewöhnlichen Lidlohn bestellen, dieser Lidlohn solle wochentlich an Sambstägen denen Arbeitern und Tagwerckern ausgezahlt werden, mit Tuch, Eisen oder aber mit baarem Geld, einem jedweden nach der ihme bestimmten Tax. Diese Tagwercker und Handwercker wird man auch mündlich fragen, ob sie diese ihre Bezahlung in Tuch, Eisen, oder aber in Geld haben wollen, indem das Begehen einem jeden wie schon in dem Decret des 12ten Nov. des 1647. Jahrs angeordnet worden, frey solle gestattet werden. Und ob wohl im 48. Capitul der alten Einrichtung, und deren andern zwey Decreten des 29. Septembers 1648. und des Decrets vom 12ten Julii des 1656. Jahrs, und alle andere Decreta, und Ordnungen ich für ungültig erkennet haben will, was die Taxen (so ich in denenselben verordnet habe) anbetrifft, und nichts destoweniger, das in dem zweyten Buch 44. Titl. in andere gerichtliche Verordnungen so diesen gleichförmig zu seyn scheinen, das Widerspiel seye verordnet worden, also will ich, daß alle obbesagte Verordnungen und Decreta (als wann ich ein jedwederes ins besondere allhier angemercket hätte) für nichts, und ungültig sollen geachtet, und erkennet werden.

Nun weilen aber obbesagtes Land in eine Besserung und Vollkommenheit zubringen nicht nur genugsam wäre, daß man denen Indianern die Freyheit ihrer eigenen Persohnen und Leiber mit Aufhebung der Dienstbarkeit und Leibeigenschaft gänzlich aufheben, und auf besagte Weise abschaffete, wann nicht mit der Freyheit der Leiber ihnen auch der freye und vollkommene Gebrauch ihrer Güter und Grundstücke, welche ihnen bißhero mit augenscheinlicher Gewaltthätigkeit verhindert worden, zustellete befehlen dannenhero, daß man also gleich über diesen Puncto nachkommen, und die Verordnung, welche sich in § 4. des Decrets von 1ten April des 1680. Jahrs beobachten solle. Dessen Enthaltung ist, wie folget.

Und damit jene Völcker, welche von der Wüste auf die Ebene und in selbe Länder sich begeben würden, wie denn auch dieselbe, so schon würcklich von besagten Wüsten und Einöden alldorten angelanget, in derselben Gemeinschafft lieber verharren und verbleiben; Als habe ich vor gut erachtet, und

befeh-

befehle, daß dieselbe Einwohner ihrer eigenen Verwaltungen unverhindert mächtig seyn sollen, wie diese in der Wüsten und Einöde zu haben pflegten. Sodann wird der Gouverneur mit Gutheiß in 3 deren obbesagten Religiosen, denen von der Wüste sich auf das Land begebenden Indianern, solche Oerter und Gegenden anweisen, so zu dero Arbeit und Handthierung, tauglich zu seyn erkennet werden, ohne Anstand anweisen und zusagen. Diese Indianer werden ohne ihren eigenen Willen so dann nicht können verändert und verwechselt werden. Auch befreye ich diese von aller Anlag und Steuer wegen derselben Grundstücke, ob wohl dieselbe Gegend und Grundstücke vorhin sonderbaren Partheyen Sesmaria genannt, zugesagt worden, doch aber befehle ich, vor der Austheilung jener Stücke und Erden, daß man zu diesen allen jenen, und besonders denen Indianern (welche dieselbe Anfangs besessen) den Zutritt von darum gestatten solle, weilen diesen als natürlichen Besitzer deroselben die Vorhand gebühret.

Gleichfals finde ich zur Beobachtung meiner Verordnung vor gut, zu erneuren und zu befehlen, daß man getreulich und ohne weitern Verzug (welchen man bißhero erfahren) dieses so wichtige Geschäfft vollziehe; der Gouverneur oder General-Capitain, oder auch der dessen Stelle verrichtet, wird die Anstalt machen, daß jene zerstreute Wohnungen in Dorffschafften sollen eingerichtet werden, allwo eine genugsame Zahl der Indianischen Einwohner sich zeigen würden, und darvon ein Marckflecken oder Dorffschaft wird bestehen können, hingegen die gar von einander weit gelegene und zerstreute Häuser, und Wohnungen sollen in kleinere Dorfschafften gebracht werden, und die einen Ort oder Dorfschaften machen; gelegene unfruchtbare, noch nicht geackerte Erd- und in Bau zu bringen taugliche Grund-Stücke, solle man denen Indianern austheilen, und die einem jedem Dorfe, die ihr gebührende und nähere Situation zu kommen lassen.

In diesen Errichtungen wird man die Art jener Sauberkeit und Policey, so immer möglich seyn wird können, gebrauchen, welche Policey ich verordnet und zu wege gebracht habe, zu der Zeit da man das neue Dorf San-giuseppe des schwartzen Flusses in Ordnung gebracht und aufgerichtet.

Die Indianer, und die von ihnen abstammende Erben (zu dero Gunst solche Austheilungen geschehen sollen) werden den vollkommenen und unzerstreuten Besitz aller jener ihnen an- und ausgewiesenen Grundstücke haben. Solle aber einer diese Indianer in ihrer Ruhe und Ackerbau zerstören oder verhindern, so sollen solche Ruhestörer mit aller Schärfe, wie es die Gesetze immer gestatten würden, abgestraffet werden.

Nun

Nun weilen eines von meinen wichtigen Absehen dahin zielet, daß unser allein seelig machender Glauben ausgebreitet werde, nicht minder dahin zu trachten, daß dieses volckreiche Heydenthum sich mit der Catholischen Kirchen vereinige; sintemahlen aber jene Völcker in sehr weit und ausgebreiteten Oertern sich aufhalten, allwo sie in der Finsternuß des wahren Glaubens vergraben liegen, auch nicht also leicht in die neu aufgerichtete Märckt oder Dorffschafften zu bringen seyn werden, damit also auch denen in Einöden und Wüsten wohnenden Völckerschafften die geistliche Nahrung der Seele nicht ermangle, als habe ich billig und recht zu seyn erachtet, daß man auch selbe einsame Ort und Wüsten zu Dörffern und Märckten bringe, und dieselbe auch mit Kirchen versehe, wie auch, daß man Mißionarien auf obbesagte weiße dahin beruffe und verordne, damit diese die Indianer in dem wahren und allein seeligmachenden Glauben unterweisen, und in selben zu verharren, sie anhalten. Sintemahlen man aber die Erfahrenheit schon von so vielen Jahren her gehabt, daß dieses nicht könne werckstellig gemacht werden, ohne deme, daß diese Indianer zur Leutseelig-und Sittsamkeit gebracht würden, so solle man diese aufmuntern, und ihnen rathen, daß sie ihre Grundstücke und Ackerbau fleißig bearbeiten sollen, damit sie die Früchte und unterschiedliche Gewürtze, welche sie aus denselben Grundstücken einsammlen, mit denen beym Meer gelegenen und sich aufhaltenden verwechslen, indeme sie sich zu diesem Ziehl auch deren vorbeyfliessenden Flüssen gebrauchen können, mithin werden sie auf solche Art auch ohne Beschwernüsse durch den beständigen Umgang der fremden Leute ihre grausame und barbarische Sitten von sich legen, und auf diese Weiße also nebst den geistlichen und zeitlichen Nutzen deren wildischen und in Einsamkeit lebenden Indianern, die Handlung desselben Landes mit grossem Nutzen zunehmen, und vermehret werden. Nebst andern haben diese auch folgenden Nutzen, nemlich die Einwohner werden sich derer weit entlegenen Indianern gebrauchen, wegen der Zulieferung deren in der Wüste wachsenden Früchten, indem sie ohne daß (wie vorhin schon geschehen) sich der grossen schweren Mühe und Schiffarthen bedienen dürffen; also werden auch die nahend gelegenen Indianer in solche Oerter und Wohnsitze zu verharren angestrenget, da man dieselbe zur nothwendigen Arbeit und Handthierung, ohne so viel und wiederholten Gänge und Kreise zur Wüste, (wie bißhero geschehen) wird zur Hülff nehmen können. Ferner habe ich vor gut befunden, daß der obbesagte Gouverneur und General-Capitain, wie dann auch alle, welche nach denenselben folgen und kommen würden, sich bemühen und befleissen sollen, daß die Indianer,

J

wel-

welche die neu aufgerichtete Dorffschafften bewohnen werden, die Unterweisung der weltlichen Rechten anziehen und bewahren, damit diese die Freyheit ihrer eigenen Leiber, Güter, und Handlung nicht von sich geben, sondern jederzeit unverletzt bewahren und erhalten, auch unter keinen herrlichscheinenden Vorwand nicht gestatten, daß sie in ihrer Ruhe und ihren Gütern mögen gehindert, noch belästiget werden; derohalben verordnen wir, daß die Indianer in solchen und dergleichen Zufällen also gleich denen Missionariis und unsern weltlichen Ministern berichten sollen, damit die Zerstörer und gewaltsame Belästiger der allgemeinen Ruhe, ihrer Missethaten und Verbrechen gemäß, mit der billigen Straff abgestraffet werden. Dannenhero befehle ich denen General-Capitainen, Gouverneurs, Ministern und Kriegs-Officiern, wie auch denen in den zu Groß-Para und Maranhaon sich befindenden Dicasterien und Cantzleyen Verwaltenden (wer es immer seye) allen sammentlich und jeden sonderheitlich, daß alle und jede dieses mein Gesätz beobachten und werkstellig machen sollen. Diese aber meine Verantwortung wird in der Cantzley dieses Landes aufgezeichnet und aufbehalten werden, Krafft welchen ich nicht nur die Gesätze, sondern auch alle andere Verordnungen, und Einrichtungen, welche diesem meinen Gesätz nicht gleichförmig wären, oder diesem zuwider handelten, vernichte und aufhebe, indeme ich dieses einzig und allein, obschon selbes annoch in der Cantzley nicht aufgezeichnet, und registrieret worden, für gültig und unwiederrufflich zu seyn verordne, und alles was sich in diesem befindet, zu vollziehen ernstlich befehle. Nichts destoweniger deren Verordnungen des andern Buchs Titel 39. 40. und 44. des ihme entgegen gesetzten Regulaments. Lissabon den 6ten Junii 1755ten Jahrs.

König

   Sebastian Joseph zu Carvallo und Mello.

 Gesätz krafft welchen Euer Majestät für gut befunden, denen Indianern zu Groß-Para und Maranhaon die Leibeigenschafft aufzuheben, und dieselbe in vollständige Freyheit ihrer Güter und Handlung auf jene Art und Weiße zu setzen, wie in diesen verzeichnet worden, und damit Euer Majestät diese ersehen.

     Emanuel Gomez zu Alimaida aufgesetzet,
       und ausgeführet.

Re-

Regiſtrirt in der Cantzley derer ausländiſchen Kriegsgeſchäffte, im erſten Buch der Geſellſchafft zu Gran-Para und Maranhaon.

Zu Liſſabon in der Buchdruckerey Michaels Rodriguez Fürſtl. Cardinal- und Patriarch. Buchdrucker im 1755. Jahr.